Последние и первые

Нина Берберова

Последние и первые

© Bibliotech Press, 2022

ISNB: 978-1-63637-899-2

ПОСЛЕДНИЕ И ПЕРВЫЕ

(Роман)

ГЛАВА ПЕРВАЯ

20 сентября 1928 года, утром, между девятью и десятью часами, случились три события, положивших начало этой повести: Алексей Иванович Шайбин, один из многочисленных героев ее, появился у Горбатовых; Вася, горбатовский сын, детище Степана Васильевича и Веры Кирилловны и сводный брат Ильи Степановича, получил письмо из Парижа от приятеля своего Адольфа Келлермана, с важными известиями об отце; и, наконец, на ферму Горбатовых, в широкую долину департамента Воклюз, пришел нищий странник с поводыркой.

Имени этого человека никто не знал. Кто он был? Какой дорогой пришел к нынешним своим странствованиям? В прошлом году, весной, проходил он здесь, и его уже знали в окрестности; тогда еще был он зряч, шел один, надвинув на глаза старую кубанку, пыля белой пылью и кланяясь встречным. Он долго беседовал с Ильей и с самой Верой Кирилловной, пил, ужинал, заночевал. Но поутру ни Вася, ни сестра его Марьянна странника уже не видели. Он ушел на заре, благословив дом, сад, хлев, где стояли волы, и чердак, где спал Илья. Говорили потом, что ушел он на запад, а вернее, что и на юго-запад, за Тулузу, к казакам, осевшим в тех краях.

Теперь он был слеп, и та же кубанка сползла ему на косматые брови. Синий рубец шел поперек лица, борода не росла на щеках; видно было, что некогда полковой врач зашил ему лицо наспех, кое-как приладив оборванные куски немолодой смуглой кожи. Был он высок, грозно худ, его штаны военного образца во многих местах были в красных заплатах — возможно, что то были куски чьих-то тоже военных штанов, но французских, некогда знавших защиту Вердена. Странник шел,

1

положив сухую жесткую руку на плечо поводырки. Это была черноглазая девочка лет двенадцати и звали ее Анюта.

Они остановились у ворот, и старик снял шапку. Девочка заглянула за низкую каменную ограду. Там увидела она фруктовый сад, гряды, дом с пристройками, частью закрытый коренастыми ивами. В тишине и прохладе утра стоял он низкий, выжженный солнцем за долгое лето, с крыльцом, обращенным на север, с приземистыми зарослями спаржи, а дальше, за синею тенью неживых кипарисов, простирались вспаханные поля, готовые к озимым.

Это было человеческое жилье, созданное как бы не в борьбе с природой, а заодно с ней. Солнце было уже высоко в безмятежном небе, и птицы быстро пролетали в его блеске, словно прошивали его мгновенной, краткой иглой.

Вася и Марьянна подошли к самым воротам, хотя дела у обоих было по горло; круглые соломенные шляпы, твердые, как жесть, сдвинули они на затылок, руки их были в земле.

— Вы бы спели что-нибудь, — сказала Марьянна, — откуда вы? — И она стала разглядывать Анюту, ее длинную пеструю юбку, тонкую ленточку, завязанную вокруг головы.

Странник поклонился низко, неторопливо.

— С Дордони, милая барышня, — сказал он, — с Дордони идем на юг, на Саянь-реку, в жаркие места, к добрым людям, а весною обратно, к своим, летовать. А там — что Бог пошлет. Нас знают.

Вася подошел еще ближе, лицо его было в поту.

— А зачем это вы ходите? — спросил он.

Анюта испуганно взглянула на него. Сердце ее забилось от страха, что придется уйти и не увидеть того, к кому шли, ради кого сделали крюк в сторону от шоссе, мимо реки и мельницы. «Как могут эти люди спрашивать! Как смеют!» — подумала она.

— Ходим мы, голубчик мой молодой, — ответил странник, — потому что стары да слепы работать. Добрым людям поем, с добрыми людьми беседу ведем и на Господа Бога своего не жалуемся.

Марьянна слегка пожала плечами и усмехнулась.

2

— Почему вы так странно говорите? Нам говорили, что вы образованный человек, не то священник.

Анюта в тоске бросилась к старику.

— Дедушка, пойдем, дедушка? — зашептала она, дергая его за рукав. — Пойдем, дедушка милый, в другой раз придем!

Нищий взял ее за плечо, но не пошел, куда она его тянула, — он сделал два шага к ограде, проводя палкой глубокую борозду в придорожной пыли.

— Неправду сказали вам, добрая барышня, — ответил он, и слюдяные глаза его заблестели, — я не священник. И ни доктором, ни инженером не был тоже. Впустите нас посидеть на вашем крылечке; в ваших местах, я знаю, крылечки всегда в тень смотрят; а если у Веры Кирилловны найдется для нас водица, очень мы ей с Анютой благодарны будем.

И он внезапно поклонился в пояс.

Марьянна открыла ворота, странник прошел между ней и Васей, Анюта вела его. Он шел величественно, без той мрачной суетливости, которая столь часто присуща слепым. Медленно прошли они между грядами к дому; время от времени нищий поднимал правую руку с худенького плеча Анюты и крестил плавным крестом и гряды, и дом, и кривые, обмазанные стволы груш. Мешок за его плечом висел неподвижно, мешок был военный, как и штаны. Имени этого человека никто не знал.

Марьянна поглядела ему вслед, снова усмехнулась и наклонилась к торчащим из земли росткам.

— Что ж, пойдем, послушаем, — сказал Вася, — или тебя больше ничто уже и не касается?

Он вытер рукавом мокрое лицо и выжидательно посмотрел на нее.

— Нет, не касается, — ответила Марьянна неохотно. — Мне нечего слушать. А ты иди.

В сонном лице Васи что-то шевельнулось; он взглядом скользнул по марьянниной спине, по сборчатой черной юбке, деревянным башмакам.

— А я письмо нынче от Адольфа получил, — сказал он угрюмо, — оно тебя не касается?

Марьянна повернула к нему скуластое, веселое лицо.

— Что ж он, зовет тебя?

— Зовет. Он об отце пишет. Приехал старый Келлерман и хочет со мной свиданья. Отыскался отец, большую должность занимает.

Марьянна всплеснула руками и испуганно взглянула на брата.

— Ай да Горбатов! — вскричала она. — Через Келлермана нам весть подает, тебя сманить хочет!

Вася сел с ней рядом, обхватил колени рукой.

— Пора мне ехать, — сказал он твердо, — отец зовет, требует, чтобы хоть кто-нибудь из нас вернулся. Старый Келлерман сначала стал было Илью от Адольфа требовать, да тот ему прямо сказал, что об этом и речи быть не может. А я… ведь я уже целый год как хочу туда, и Адольф меня зовет. Пишет, что в два дня бумаги справят.

— Целый год! — протянула Марьянна.

— Я и не обманывал. Мама это знает, Илья знает тоже. Не могу я здесь, мой путь домой, к отцу, и здесь наши общие цели с Келлерманом, — он опустил голову. — Знаю, что Келлерману хочется отцу угодить, но не все ли равно, Марьянна? Я, может быть, и без него бы поехал.

— Не поехал бы!

— Не знаю. Мне здесь невозможно. Отец там с Келлерманом заодно работает и сидение наше здесь презирает. Поеду — будут деньги, будет жизнь, какая захочу. Я эту не выбирал. И, знаешь, мне необходимы, то есть совершенно необходимы корни.

— Илья говорит, что у нас должны быть воздушные корни.

— Илья всегда скажет так, что не знаешь, что ему ответить. А отец там шишка, прислал Келлермана в Париж торговать, через месяц обратно. Ты пойми, что я целый год ждал этого, ждал, что отыщется Горбатов, позовет. Сколько Адольф меня томил!

— Это он и обработал тебя, он и посылает за корнями. Подлец он, твой Адольф, да и Горбатов хорош! Выманивать, соблазнять… Эх, Васька, автомат ты какой-то, ей-богу!

Я бы на месте Ильи заперла тебя на чердаке, да сама в

4

Париж отправилась требовать, чтобы Келлерманы отступились. Если не оставят тебя в покое — жаловаться надо. Тут навоз возить, а ты ехать!

Вася помолчал.

— И вправду, Вася, дай Илье в Париж съездить, дождись его. Все дело в твоей безвольности. Тебя прельщает, что в два дня паспорт готов, что, не смейся, прямой вагон до Негорелого ходит, я знаю. Старый Келлерман, видно, выслужиться перед Горбатовым хочет, сынка ему сулит вернуть, сынку корни обещает… Да лучше бы уж Горбатов пропал совсем, больше бы от него осталось. И неужели мама не говорила с тобой?

— Маме что говорить? Все, что она скажет, будет меньше того, что она делает. Если, говорит, ты не видишь, к чему вся наша жизнь, не могу тебе помочь; если не понял, для чего мы так живем, — Бог с тобой, когда поймешь — вернешься. А Горбатова, говорит, я проклинаю.

Вася встал и в тоске заломил руки.

— Уходи, — сказала Марьянна, пригибаясь к земле, — права она. И почин-то не твой, а мерзавцев, с которыми Горбатов заодно. Уходи.

Вася поджидал, но Марьянна не выпрямилась, и он медленно отошел от нее. Земля облепила ему деревянные башмаки. Он заложил руки за спину. Колебался, куда бы пойти, и неуверенно пошел к дому. Дверь кухни была широко раскрыта, Анюта сидела на пороге и тонкими пальчиками перебирала кисть темного, пыльного винограда. Из кухни доносился мирный, негромкий голос странника.

Но Марьянна сквозь несомкнутые пальцы ясно видела, куда пошел Вася. Как только он скрылся в кухне, она вскочила, опустила подоткнутую юбку, вытерла подолом руки, поправила шляпу на коротких густых волосах и выбежала за ворота.

На дороге в этот утренний, но уже горячий час не было никого. Спокойно лежал в пыли нетронутый след почтового велосипеда, прожужжавшего здесь с час назад. Черные поля, полосы скошенных в третий раз лугов были пустынны и безуханны по-осеннему. Марьянна побежала сперва

5

осторожно, потом все быстрей; потом, добежав до шоссе, она понеслась стрелой по старой, печальной меже, стуча тяжелыми башмаками на ремешках. Она пролетела мимо жнивья, миновала край старой фермы; тявкнула собака, мокрое белье прошелестело по ветру. Она добежала до рощи и там остановилась. Что-то хрустнуло в ветвях.

— Габриель! — тихо позвала она.

Где-то шли коровы, звеня колокольчиками, молодые дубки пахли вечной свежестью провансальских долин.

— Габриель, — повторила Марьянна, стараясь не дышать слишком громко, не ступать слишком тяжело. И в ту же минуту она увидела на земле кепку. Габриель спал, положив голову на заднее колесо велосипеда. Марьянна кинулась к нему и в самое ухо закричала:

— Габриель! — так, что он привскочил, с размаху обхватил ее за шею и притянул ее к себе. Он пахнул хвоей и простоквашей, и она с силой поцеловала его.

Передник его, надетый на одно плечо, был, как обычно, весь в кровяных пятнах, хохолок на голове — припомажен. Его мелкие зубы и ранние усики до безумия нравились Марьянне, и она села на кочку, чтобы все это видеть. Волнение и счастье преобразили ее лицо.

— Что же сказал отец? — спросила она по-французски, с легким провансальским акцентом, как говорила всегда, как научили ее соседи. — Ты говорил с ним?

— Отец сказал «да», — ответил Габриель, лукаво поглядывая на нее. — Он сказал «да», но спросил, в кого именно я влюблен: в тебя или в Илью?

Марьянна покраснела.

— Что же ты ответил?

— Черт подери, в тебя! Тогда он засмеялся и сказал, что, по его сведениям, я влюблен в Илью, так, по крайней мере, говорят в городе, да и про меня одного.

— Так он сказал «да»? — повторила Марьянна задохнувшись.

— Не сразу, не воображай. Сначала он спросил, неужели я

из купца хочу сделаться мужиком? Тогда я ему ответил, что я хочу стать помещиком.

— Как! Ты так хорошо сумел сказать?

— Ну да. Я объяснил, что вхожу к Илье в компанию, что дело наше с будущим. Да, сказал он, это ты намекаешь на свободные фермы по ту сторону Сен-Дидье и на консервную фабрику? Илья говорил мне о них; но неужели он так-таки решил посеять в этом году пшеницу? Ведь это гораздо менее выгодно, чем, например, разводить шелковичных червей или даже землянику. Подождите, сказал я ему, о землянике Илья уже думал, но это секрет, кроме того он думал о спарже. А пшеница, это, как говорит он сам, дело убеждения, пшеница необходима. Отец опять засмеялся: секреты ваши я все знаю, их мне Илья сам рассказывает, а вот скажи-ка лучше, что ты думаешь насчет того, что она иностранка? Тут я по его носу заметил, что у него был об этом разговор с Ильей. «Что вы сами скажете, папаша?» — спросил я его, потому что совершенно не знал, что сказать. И тут он мне понес такое, что я половины не понял вовсе: он, кажется, хотел сказать, что это в нашем случае не имеет значения, но что если я остался в магазине, то тебе пришлось бы скверно. Или какая другая чепуха. «La terre? la terre? — все твердил он мне. — C'est tout autre chose». Но тут Люси вкатила мамашу, и едва я успел сказать им, что Илья начнет скоро строить новый хлев, как все заревели, мамаша благословила меня, а Люси спросила, не может ли она тоже как-нибудь насчет спаржи? И я ревел, кажется, тоже, как свинья.

— Как ты бестолково рассказываешь! — всплеснула Марьянна руками. — Ничего понять нельзя.

— Больше нечего рассказывать.

— Ну так расскажи это все еще раз.

Габриель подполз к ней, обнял ее за плечи и расцеловал.

— Ты меня любишь? — спросил он.

— Люблю, — ответила она.

— А теперь ты спроси, — сказал он, крутя в руках ее шляпу.

— Нечего спрашивать, я и так знаю.

— Что же ты знаешь?

— Что любишь.

— Кого?

— Меня.

— Да, а потом Илью. Но тебя больше, потому что тебя целовать сладко.

Марьянна опустила голову, сердце ее билось.

— Ну так поцелуй же меня, — сказала она.

Он снова обнял ее.

— Как ты думаешь, как все будет? — шепнула она.

— Я думаю, все будет хорошо, — он покачал ее, крепко обхватив за плечи.

— Когда придешь?

— Завтра.

— В это же время приходи, не позже. А в воскресенье отец к твоей матери придет после церкви, ты ей скажи.

— Она и так все знает.

— Потом скажи Илье, что я в субботу после обеда приду доски пилить, пусть он мне пилу во дворе оставит, если куда уйдет.

— Он, вероятно, уедет в Париж.

— В Париж! Вот это шикарно.

— Он, может быть, даже завтра поедет, но он вернется через несколько дней, у него там дело.

— Так поклонись ему от меня.

— Хорошо.

— Не забудешь?

— Нет.

— И скажи, что в городе про него только и говорят.

— Что же говорят про него?

— Да всякое. Будто он через десять лет первым здесь человеком будет.

— Через десять лет! — отозвалась Марьянна, и тень прошла по ее лицу. — Молчи об этом.

Габриель еще раз обнял ее весело и грубо и вскочил на велосипед. К рулю была привязана корзинка, в ней что-то болталось, укрытое газетой.

— Это я мельничихе жаркое везу, — объяснил он и заломил кепку на затылок. — Два с половиной фунта филейной части, она гостей ждет. Прощай! — и он выехал по мху на опушку.

— Прощай! — крикнула Марьянна и, взмахнув рукой, побежала в сторону, снова по межам, по жнивью, мимо старой фермы, по шоссе и дороге, но уже не столь поспешно, с какой-то словно задумчивостью. Один раз она остановилась, всмотрелась в даль: ей показалось, какая-то черная точка движется в поле, там, где ивы топорщатся, простирая ветви в голубую ясность неба.

— Илюша! — закричала она что было сил, но никто не ответил ей, точка пропала. Она постояла с минуту, солнце растеклось по небу, пахло сухой землей; тысяча мыслей пронеслись в ней, стало жутко, стало радостно. И она побежала дальше и уже не останавливалась до самого порога кухни.

Нищий сидел спиной к окну за столом, положив на грубую скатерть руки ладонями вниз. Он только что кончил есть, посуда была убрана, хлеб и сыр были еще на столе. Анюта сидела на скамеечке у двери, подпершись обеими руками, то и дело взглядывая в окно, словно поджидая кого-то. А напротив гостя, сложив руки и чуть склонив голову, сидела и слушала Вера Кирилловна Горбатова.

Ей было полных сорок лет. Ранний брак, дети, сильная тайная страсть и крушение России сделали из нее то, чем она стала: высокая, темноволосая, с темными серыми глазами (у Марьянны эти же глаза были отяжелены мохнатыми отцовскими бровями, у Васи они выцвели до отцовской мутной голубизны) — Вера Кирилловна все еще была прекрасна. Ни одного седого волоса не было в ее гладкой, простой прическе; руки ее, вот уже десять лет в постоянной, тяжкой и жестокой работе, потеряли гибкость свою и нежный цвет и тот необычный «материнский» запах, который в молодости распространяла она вся. Не запретная страсть отняла это необъяснимое благоухание; труд, не женский — человеческий труд и вот теперь — черная провансальская земля — лишили ее мягкие ладони молодости, которая еще так полно удержалась в теле. По воскресеньям в городе многие заглядывались на нее, когда шла она в складчатом черном коленкоровом платье, в соломенной шляпе и городских туфлях и чулках, когда проходила она по главной улице мимо табачной лавки, парикмахера, мясной и другой, конской, сопровождаемая высоким, светловолосым юношей, в нездешним портным сшитой пиджачной паре, с лицом румяным, глазами синими, широкоплечим и длинноруким. По воскресеньям, о, многие смотрели на нее, любуясь ею и говоря:

— Смотрите, вот идет русская с фермы. Она красива и молода. Этот юноша — пасынок ее, но у нее самой уже взрослые дети: дочку сватает сын мясника, не того, а другого, конского, а сыну скоро двадцать лет, он образован, вежлив и лицом похож на нее.

И многие кланялись ей, узнавая ее, и она улыбалась им глазами, а светловолосый юноша снимал свою шляпу и надевал ее или просто нес в руках, и тихий воскресный ветер обдувал ему ясное лицо.

Вера Кирилловна сидела у стола в широком переднике, сложив руки, и слушала странника. В кухне ставни были полуоткрыты, луч света шел из окна, падал на очаг, скамьи, шкаф, на чисто выскобленную утварь и не заделанный бочонок помидоров. Пар стоял над плитой, в высоком чане варилось белье, из-под крышки кастрюли вырывался сладкий запах репы и порея. Нищий говорил, и казалось, что охотнее всего поворачивает он черное, слепое лицо с неровной зеленоватой бородой к Васе, стоящему у притолоки. И Вася, с прилипшей к губе папиросой, с ранней морщиной между бровей, невольно ловил этот холодный, бессмысленный взгляд, так не вязавшийся с печальным голосом слепого.

— Да благословит вас Бог, дорогие друзья мои. К Пасхе мне быть обратно. Не забуду я вашу доброту и зайду к вам на последнем моем пути проститься: не переживу я весны. Пора мне на долгий покой, на бесслезное отдохновение. Вера Кирилловна, последняя моя забота в этой жизни — Анюта. Кто она, откуда, сказать не время и поручать ее кому-либо сейчас рано: пусть походит со мной, поузнает, как русские люди живут

10

— в ветхозаветном труде и христианской мысли. Господи, благослови и помилуй!

Он перекрестился.

— О вас же, Вера Кирилловна, особая молитва Богу: не ожидал я с весны, что так окрепнете в жизни своей, так обобьетесь. Песню бы я вам спел, что на Дордони поют, по душе бы она вам пришлась. Ну прямо будто для вас песня.

— Спойте, — сказала Марьянна, садясь рядом с Анютой.

— Для вас, для вас, милая барышня, и для вас, дорогой юноша, — обратился старик к Васе. — Песня эта ответ нам дает, ответ русским людям самый понятный, самый скромный. Держись, говорит она, держись, русский человек!.. Песня, вам я скажу втайне, вроде как бы про Илью Степановича.

Вася усмехнулся.

— Послушаем, — сказал он, складывая руки на груди.

В это самое время чья-то тень прошлась по окну, чья-то не слишком быстро шагающая тень, похожая на мужчину в шляпе с полями, высокого, но сутулого и словно бы с недостатком в походке. Вера Кирилловна подняла глаза. На крыльце за Марьянной послышались чужие шаги — это был несомненно мужчина, с походкой неровной и даже усталой; это был Алексей Иванович Шайбин, приезжий из Африки.

Бледное лицо его было в легкой испарине, видно было по всему, что он пешком из самого города и не первый день в пути.

— Алеша! — вскрикнула Вера Кирилловна, привстав от стола. — Боже мой, Алеша!

— Здравствуйте, — сказал Шайбин, снимая шляпу и обнаруживая наполовину седую голову, — так случилось, я приехал раньше, чем хотел.

Наступила тишина. Анюта пугливо метнулась к нищему. Вера Кирилловна все стояла у стола, она чувствовала на себе взгляды Васи и Марьянны — они оба не могли не смотреть на нее в эту минуту. Прошло сколько-то времени, Шайбин все еще стоял в дверях. Потом в одно и то же мгновенье они кинулись друг к другу. Он схватил ее руки и прильнул к ним, и она с внезапной осторожною мягкостью кротко и нежно поцеловала его в висок.

— Кто это? — сказал вдруг слепой, вставая.

Марьянна, стоявшая всех ближе к старику, шепнула ему имя приезжего. Голова нищего высоко запрокинулась, он нашел рукою плечо Анюты; она, испуганная, печальная, прижималась к нему.

— Куда вы? — громко и твердо спросил вдруг Вася. — Куда уходите? Вы спеть хотели, — он сделал два шага. Глаза его блестели.

— Вы должны спеть, что хотели, я знаю, вы затем и пришли. Марьянна, не пускай его, он должен спеть, — Вася был возбужден, все это заметили.

Анюта бросилась к дверям.

— На обратном пути нашем, Василий Степанович, дружок, нынче иные у вашего семейства заботы. Через срок пройдем вашими местами летовать на Дордонь, тогда исполним долг наш, тогда много о чем поговорим и с Ильей Степановичем встретимся.

Марьянна отступила от двери.

— Через срок! — вскричал Вася. — А до того стольку быть! Время наше течет не по-вашему.

Но нищий уходил.

— Не тревожьтесь, нынче я к вам не ко времени. Во имя Отца и Сына и Святаго Духа.

Пахли сухие осенние травы; груши, румяные и грубые, качались над Анютиной головой.

— Нет его, дедушка, — шепнула она не оборачиваясь. — Дедушка, зря мы пришли, зря на шум попали. Не повидали Илью Степановича, дедушка.

Мягкая пыль дороги легла перед ними; молча пошли они вдоль ограды. Здесь бежала Марьянна, здесь утром проезжал почтальон с толстым письмом в кожаной сумке, здесь шел со станции Алексей Иванович Шайбин.

В это-то самое время Илья Горбатов и нагнал их.

Он выбежал откуда-то из-за огородов. Перепрыгнув через ограду, он вынесся на дорогу. У него было обросшее светлой шерстью лицо и синие глаза, какие бывают у детей, глаза, которыми бредили девушки всей округи.

— Стойте! — закричал он. — Эй, стойте!

Странник остановился, Илья обеими руками сжал его руку.

— Голубчик мой дорогой, дай мне прижать тебя к моему сердцу, — воскликнул слепой. — Не вижу тебя больше, Ильюша мой родной, стал слеп и стар. И жить мне не долго осталось — пули во мне болят.

Илья, пораженный, молча стоял перед стариком.

— Уходим мы, спешим, причина на то есть. Вот девочка, о которой писали тебе. Анюта, глядь-ко, нагнал он нас, Ильюша наш. Не зря, значит, свернули мы с тобой!

— Да куда же вы уходите? — вскричал, опомнившись, Илья. — Неужто на день остаться не можете? Да Вера-то Кирилловна видела вас?

— К Вере Кирилловне гость — оттого и ушли мы.

— Что за гость, откуда?

— Алексей Иванович Шайбин, года четыре тому назад в Париже знать его пришлось.

— Шайбин приехал! — вскричал Илья, все более волнуясь. — Постойте… А про письмо она вам не говорила?

— Нет, дружок дорогой, ничего не сказала, пообещала сказать, да, видно, не успела.

Илья схватил нищего за рукав.

— Прошу вас, вернитесь, вы и не знаете, что у нас за события: мне, верно, завтра в Париж ехать, Горбатов отыскался, Васю сманивает.

Странник тихо качнул головой и положил руку на плечо Анюты.

— Не можем, — сказал он торжественно и веско, — оба не можем. С Алексеем Шайбиным нам никак невозможно.

Илья провел рукой по лицу и здесь словно в первый раз заметил Анюту.

— Здравствуй, девочка, — сказал он, — так это ты мне писала?

Анюта молча опустила голову, от волнения она ничего не могла ответить.

— Ну что ж ты, довольна теперь? — спросил он еще.

Она подняла на него темные, сияющие глаза.

— Да, — сказала она, — но дедушка скоро умрет, и тогда я работать буду.

Нищий погладил Анюту по голове.

— Когда я умру, Ильюша, Анюта до вас доберется, — сказал он в раздумье, — только ты никому ее не давай.

Илья не посмел спросить, что значили эти слова.

— А Горбатов нашелся, — продолжал странник, — борись с ним, борись за брата. Умен ты, Ильюша, о тебе у нас на Дордони слава ходит.

Илья покраснел.

— О тебе там песня одна ходит, весной спою. Вере Кирилловне передай мой поклон. А что сестра?

— Замуж выходит за француза.

— Ну? На земле будут?

— На земле.

— Тогда не страшно. Благословение Господне, земля одна.

— Брата береги, — сказал еще странник, — Шайбин помешал, я бы спел ему. Его тешит, что он в игру попал, это видно. Судьбы своей боится.

— Многие они своей судьбы боятся, — сказал Илья, — перепуганы нашей русской жизнью.

Илья в внезапном беспокойстве нагнулся к нищему.

— Я не могу простить Горбатову, — сказал он с мукой, — не могу и не хочу простить ни прошлого, ни настоящего.

Лицо странника сразу стало суровым, нос заострился, вздрогнули темные веки над слепыми глазами.

— И не прощай, — шепнул он едва слышно, — не надо. Будь суров, всего простить нельзя.

Илья никогда не видел его таким. Анюта испуганно смотрела на них обоих.

— Чего ты боишься, девочка? — сказал Илья, и легкостью наполнилось его сердце. — Разговоров наших не бойся.

— Она робкая, — и суровость все не сходила с его лица. — Тебе писали о ней — сирота.

Они обнялись, и нищий пошел своей дорогой. Солнце

было горячо и ярко, земля пустынна и тиха. И Илья пошел к дому. «Приезжий из Африки, — повторил он про себя, — бывший прекрасный человек», и странная тревога прошла по сердцу его, когда он припомнил лицо Шайбина, четыре года тому назад мелькнувшее в Москве за окном вагона.

ГЛАВА ВТОРАЯ

Было время — да мало кто его помнит — широкая долина между тремя старыми городами, из которых один назовем мы Сен-Дидье, было время, долина эта, как, впрочем, и многие другие места в округе, ходила за бесценок. В 1907 году, например, на земле в северном Провансе не хватало рабочих рук. За гектар в эти годы платили две трети его настоящей цены — триста франков, в то самое время, как рядом, в сторону М., гектар приносил полторы, а то и две тысячи в год доходу. Не слишком ли много сажали тогда картофеля и свеклы? Местные газеты первые подняли этот важный вопрос, за ними последовало общество любителей сельского хозяйства департамента Воклюз, за ним подали голос содружество ревнителей скотоводства и союз провансальских виноделов. Сведущие люди, в нарочно для того издаваемых книгах, обращали благосклонное внимание как владетелей земель, так и людей, землю арендовавших, на исключительно выгодное расположение полузаброшенной долины. Писали о чудном ее климате, о влажности ее, редкой для тех мест, об унизительной роли, предназначенной в этом мире картофелю и свекле. Там, где сейчас наблюдаем мы один из самых благодатных углов Прованса, где уже на наших глазах процвела особая высокополезная промышленность — фабрика спаржевых консервов, — в 1907 году не было ничего, что могло бы нас обрадовать. И сведущие люди в книгах обращали внимание читателей на следующие возможности:

виноград,
табак,
оливки,
шелкопряды,
трюфеля,
земляника,
духи,
спаржа,
фрукты,

мед,

лес,

скот,

сыр,

овес и

пшеница.

Все это давно было знакомо счастливым жителям по ту сторону М.

И вот земля внезапно стала дорожать. Из округи приехали члены агрономическаго общества. Та часть долины, что лежала ближе к П., стремительно и прочно ушла под спаржу. Спаржа была трех сортов: ганноверская, голландская и зеленая воклюзская; землю (не малую площадь) вспахали плугом на глубину около десяти вершков, навезли удобрения, рассадили однолетние сеянцы, заказанные предварительно в садовом питомнике близ Тараскона. Их рассадили в узких канавах, шириною и глубиною никак не более восьми вершков. Через год появились первые побеги — стебли срезали, землю перекопали. На третий год, после конной пропашки, в марте месяце, сняли первый урожай. К этому времени консервная фабрика была уже готова.

А вокруг Сен-Дидье заселялись фермы, засевались поля, разводились шелкопряды.

Мы недаром начали историю этой долины с 1907 года: в этом году Вера Кирилловна вышла замуж за Степана Горбатова, всего четыре месяца назад похоронившего первую жену свою, сибирячку, и проживавшего с малолетним сыном Ильей в собственном доме на Выборгской стороне города Петербурга.

Степан Васильевич был не стар и не молод, он был человек начала нашего века. В седьмом году, когда Вере Кирилловне было двадцать, ему шел тридцать шестой год. Был ли он петербуржцем в том смысле, как теперь нам открылось это слово? И да, и нет. Он был петербуржцем с Выборгской стороны, жил в деньгах и делах о них и при темном происхождении своем крупно торговал пушниной. Торговал он преимущественно с заграницей. И теперь есть, верно, оптовики на улице Риволи, помнящие Горбатова перед войной и его лучшей воды шкуры.

О Вере Кирилловне никогда, нигде, никто не слыхал.

Отдав Горбатову нежную руку свою и девичье сердце, она оборвала разом все нити, связывавшие ее с прежней жизнью — с благолепием печального Васильевского острова, где оставалось все, что когда-то было единственно дорого ее сердцу: милое здание Бестужевских курсов, где в пустынных коридорах билось ласточкой сердце от шагов Николая Ивановича Лазаревского, и маленький дом отца, учителя в школе Насоновой, дом, откуда выпорхнула она, как выпархивали в то время русские девушки — за чиновника, за купца, за судейского…

Вася родился на второй год после замужества, Марьянна — за год до войны. Но с первого дня не было для Веры Кирилловны большей радости, как знать и любить Илью, — великие силы хранились в ее сердце, она никогда не задумывалась над ними. Вместе с Ильей научилась она любить и покойную жену Горбатова, сибирячку, о которой никто толком не знал, кто была она, отчего умерла, и с которой в доме на Выборгской стороне сохранилась зыбкая, но светлая память.

Нити с девической жизнью были оборваны, когда в Петербурге появился Алексей Иванович Шайбин. Он и раньше, бывало, приезжал из Москвы, где кончал университет, но сейчас он переселялся сюда окончательно: у него в Петербурге были некоторые связи, он готовился поступить на государственную службу.

Поздно вечером, в первый же день приезда, он остановил извозчика у дверей деревянного дома. Два обручальных кольца лежали у него в кармане. Его провели в тесную столовую, где пахло старинным запахом табака и капусты. Как! Она замужем? У нее двое детей?.. Он вышел, оставив дверь настежь. Октябрьский ветер, сырой, тоскливый, ворвался В дом, шелохнул гардины, тронул листы ученических тетрадей, и старый учитель закашлялся.

Алексей Иванович Шайбин сам себе показался ужасно

смешон. Он бросил кольца в Неву, сильно выпил и вернулся в меблированные комнаты на Троицкой, где имел счастье остановиться. На следующее утро он написал Вере Кирилловне, кратко, прося свидания. Она пришла к нему, коридорный провел ее. Она многих любила в своей жизни: любила отца, любила Васю, Марьянну, любила Ильюшу и покойную Ильюшину мать. Одного человека не любила она вовсе — Степана Васильевича Горбатова.

Год прошел в непрестанной близости Алексея Ивановича к Вере Кирилловне, потом началась война. Шайбин ушел на Кавказский фронт и долго не отвечал на письма; Вера Кирилловна нераздельно досталась Горбатову.

Это время долгого, одинокого ожидания писем, вестей, приездов ушло из памяти Веры Кирилловны, вытесненное семнадцатым годом и последующими событиями. В семнадцатом году Шайбин вернулся полукалекой. Горбатов разорялся, Вера Кирилловна с детьми ушла от него, уехала в Москву вместе с Шайбиным. Они прожили три месяца все в той же возобновленной, тайной близости, и снова он исчез, как три года назад, снова заметался по темным прироссийским фронтам, задыхался в провинциальных углах бушевавшей России, был, как говорили, даже однажды женат, и наконец в двадцать четвертом году появился в Москве, за несколько дней до отъезда Веры Кирилловны за границу. Теперь уже она была совсем другой, с душою, измученною любовью и воспоминаниями, наученная лишениям и страху. Илье шел двадцать первый год. Пять лет, как ни он, ни она ничего не слыхали о Горбатове.

Шайбин стоял у вагона без шапки. Была поздняя осень. Вася и Марьянна возились в окне. Их надо было чему-то учить, их надо было одеть, обуть. Что сделал российский ураган со слабым сердцем Алексея Ивановича? Неужели и в самом деле не сумел он разогнать страсть к этой женщине, столько раз брошенной, не дал Шайбину ее забыть? Так стоял он, в который раз молча прощаясь с нею. Поезд свистел, поезд трогался. И тогда он спросил, уже на ходу:

— Где мне найти вас... если...

Он никогда не задавал подобного вопроса. Она ответила дружески, побледнев немного:

— Париж… Или нет, не знаю. Решит Илья.

И вот, спустя четыре года, Шайбин появился на ферме, и появился прямиком из Африки.

Марьянна подошла к нему, красная от жара плиты: она успела помешать белье, пар из котла вырвался к потолку.

— Алексей Иванович, — сказала она, — правда ли, что вы сюда к нам насовсем? Я потому спрашиваю, что работы больно много, а Вася удирать хочет.

Вася отвел глаза, Шайбин слегка потерялся.

— Я еще не думал об этом, я еще не решил. А Вася уезжает?

— Вы, может быть, не знаете условий? — беспокойно воскликнул Вася.

— Условия самые гуманные. Но жизнь, сама жизнь!.. Кто может вынести — тому честь и слава, другим не под силу.

— Про Горбатова слышали? — опять сказала Марьянна. — С того света весть подает, трестом управляет.

Шайбин взглянул на Веру Кирилловну, она звала его к дверям.

— Не к нему ли вы бежите? — спросил Шайбин, повернувшись к Васе.

Тот не ответил ему. Мгновение Шайбин еще стоял посреди кухни, потом быстро, насколько позволяла ему легкая хромота, прошел в комнату Веры Кирилловны. Дверь за ним захлопнулась.

В этой просторной деревенской комнате Шайбин в один миг ощутил то единственное, сладкое, невыразимое волнение, которое охватывает, когда остаешься наедине с женщиной, когда-то безумно и горячо любимой, с которой ничто и никогда не может больше повториться. Шайбин многое знал о себе, можно даже сказать, что, как человек того поколения, он знал о себе почти все. Он умел, как и многие из тех, быть немного собственной своею тенью: оживлять мечтою прошлое, двигать настоящим, находить в жестокости отчаяния сладострастие, доступное многим из тех людей, что, как и он, были выбиты из колеи лет пятнадцать тому назад и между восторгами и проклятиями не жили, а горели все эти годы. Он знал, что ни раздвоенность души, которая его так сладостно мучила всю жизнь, ни вечная трезвость в самом удушливом хмелю не отличают его от людей его судьбы, и понемногу гордость уступила в нем место постоянному сознанию совершаемых ошибок.

Эти первые мгновения наедине с Верой Кирилловной Шайбин воспринял как большую и незаслуженную радость; ему захотелось продлить ее, но он увидел, что это уже не зависит от него одного. Он подошел к Вере Кирилловне, с нужной, но вполне бестрепетной уверенностью взял ее руки и сжал их. Это были те самые руки, у которых он когда-то отнял их единственный, материнский покой.

— Что ж, располагайте мною, располагайте мною, — повторил он дважды и ему захотелось неудержимо броситься к ее ногам. — Я, кажется, не могу быть больше хозяином собственной жизни. Научите меня жить так, как живете вы. Научите, что мне делать?.. Я бросил Африку по вашему письму, но вы всего не знаете: мне надо в Париж… Ах, Вера, если бы вы могли по-прежнему заглянуть в меня!

— Я, кажется, никогда не могла этого, Алеша.

— Не отнимайте рук. Вы вызвали меня — вам и располагать мною. Ну, скажите скорее, что вы обо мне думаете, зачем вы писали мне?

— Я писала вам, — начала Вера Кирилловна, вынимая руки из горячих ладоней Шайбина, — чтобы предложить вам жить у нас. Я хотела, чтобы вы ушли из Иностранного Легиона — право, Алеша, стоило всю жизнь любить себя, как любили, чтобы, наконец, очутиться в одном из самых страшных мест, где только может очутиться русский, а страшных мест немало! Вы услышали меня, вы поняли меня, правда? Я зову вас жить здесь, у нас, вы останетесь, сколько хотите, будете работать, сколько сможете. Илья затевает большое дело — пока мы не в России, место наше на земле. Вы сохраните свою свободу; я знаю, первый год вам все покажется очень трудным, очень скучным…

Но будущее ваше в объединении с такими же, как вы. Сохраните себя. Больше ничего.

Шайбин слушал ее, присев на Марьяннину постель. В комнате пахло лавандой из неплотно задвинутого ящика старого комода.

— Вы, кажется, и правда хотите научить меня чему-то, — сказал он. — Но ваши письма… я должен предупредить вас, что это была не единственная причина моего приезда во Францию.

Вера Кирилловна сжала под передником руки.

— Алеша, не тревожьтесь, я ведь знаю, вы думаете, что я позвала вас, чтобы… (как все-таки трудно мне выговорить это старое слово!) чтобы опять любить вас. Нет, это не так, не верьте этой лукавой мысли. Я сейчас делаю вам предложение, — она еще крепче сжала руки, — останьтесь, работайте у нас. Я такая, какую вы знали и любили, здесь ни при чем.

— Вы сразу же обещаете мне рай земной и не хотите даже узнать, хочу ли я рая, — медленно сказал Шайбин. — Я и вас думал найти другою, то есть прежней, а вы — о покое и свободе…

— Вы ждали, что я вас все еще люблю, Алеша, — тихо произнесла она, встретясь с ним глазами, — вы ошиблись.

С минуту оба молчали.

— Вы все тот же, — опять сказала Вера Кирилловна, — вы по-прежнему безжалостно усложняете свою жизнь. Я не знаю, какие у вас были мысли час тому назад: вы, может быть, надеялись, что я вам предлагаться начну, — чтобы только оттолкнуть меня. Или — не прерывайте! — ждали, что я спрошу вас раньше всего о том, почему вам в Париж надо, и готовились замучить меня загадками. Поймите, что я мужественно и совершенно по новому делаю вам предложение и хочу, чтобы вы согласились спасти себя.

— От чего?

— От гибели, Алеша.

— Зачем, когда погибла Россия?

— А вы не Россия? — (Шайбин поднял голову.)

— Это круг какой-то, и нужно долго думать, чтобы

разобраться, — сказал он сурово. — Да, я Россия, и я тону вместе с ней.

— Так удержитесь. Она-то бессмертна, она-то вынырнет, а вы где тогда будете?

Вера Кирилловна была в волнении. Шайбин, удивленный, слушал ее живой, нежный голос.

— Вы необыкновенно искусно маните меня в рай земной, — сказал он. — Я подозревал, что вы захотите показать мне какой-то путь, но я не ожидал, что этот путь и будет таким коротким. На него нужны большие силы, Вера, чтобы не сделать это так, просто, размякнув душой и пожелав «лона природы». А откуда эти силы возьмешь?

Он задумался на минуту.

— Какую власть имеет над нами прошлое! — сказал он. — Самое ужасное то, что мы бессильны бороться с этой властью и понемногу даже начинаем находить в ней какую-то сладость, любить ее. Правда, Вера?

— Да.

— Вот и вы в чем-то согласились со мною. И вы, значит, любите то, что было?

— То, что было, — тихо ответила Вера Кирилловна, — это вся моя жизнь.

— Повторите.

— Вы — вся моя жизнь.

Шайбин почувствовал знакомое ощущение почти физического раздвоения. Он не мог пересилить себя, он начинал слушать одному ему слышимые голоса. Кинься к ее ногам! — прошло в нем, как дыхание. — Беги, беги! — закричало где-то внутри него, — она завораживает тебя!

Шайбин встал и сделал два шага, чтобы как-нибудь умерить сердцебиение.

— Завтра я скажу вам свое решение, — сказал он, не глядя на нее. — Если бы вы только знали, как мне необходимо в Париж!

Вера Кирилловна молчала.

— Вы не спросите, почему? Вы всегда были такие. Я скажу вам сам: мне надо ехать потому, что меня там не ждут, не хотят меня, не любят. Вы не ошиблись, я прежний, да, да, я все прежний, я тот же. И вот, вы возвращаете меня из смерти в жизнь для того, чтобы я ехал на унижение и, уж конечно, на полную несвободу.

— Васю там помнят, по крайней мере? — спросила Вера Кирилловна.

— Помнят ли? Да, помнят. Это единственное, что мне доподлинно известно, — беспомощно улыбнулся вдруг Шайбин. — Я получил три письма, но из них явствует, что меня во всяком случае заменили.

Вера Кирилловна встала.

— Знаете, Алеша, можно с ответом до завтра не ждать, — сказала она, — вы, конечно, не останетесь здесь. Завтра Илья поедет в Париж, и вы поедете вместе с ним.

Шайбин провел по лицу рукой.

— Завтра? Да, хорошо, я поеду завтра, — повторил он. — Спасибо. С Ильей? Вот это немного странно, но что же, ничего. Это, может быть, даже хорошо. Знаете, я не видел ее давно, с тех пор, как был в Париже; я приехал, едва вы уехали на юг. Вы не заметили, Вера, я всегда почему-то немного опаздываю?.. Я познакомился с нею случайно, она не бог весть какого была поведения; но у нее была сестра. Я полюбил сестру, она была замужем, у нее была дочка… Я не знал, на что решиться, и уехал. Той, может быть, было все равно, а может быть, и нет, а с сестрой случилось несчастье: она отравилась.

Шайбин тихо сел, едва договорив последние слова. Глаза его закрывались.

— Я устал с дороги, Вера, — покачнулся он вдруг, — я удивительно быстро стал уставать. Кроме того, я трус: муж той, которая отравилась, умер всего два месяца тому назад. До того я не смел вернуться.

Он говорил с трудом. Лицо его, немного женственное, нежное и сухое, слегка потемнело.

— Вам нехорошо? — спросила Вера Кирилловна, дотрагиваясь до него дрожащими руками.

— Нет, ничего, — ответил он, — но что сталось с девочкой,

дочкой ее? И потом я хочу видеть ту, понимаете, которая не бог весть какого поведения. Я люблю ее.

Он взял руку Веры Кирилловны и прижал к глазам. Прошла минута, и Вера Кирилловна медленно наклонилась к нему. Губы ее коснулись его виска. Шайбин не шевельнулся. Она едва успела выпрямиться, как в комнату вошел Илья.

Шайбин открыл глаза, выронил руку Веры Кирилловны, но остался сидеть.

— Здравствуйте, Алексей Иванович, — сказал Илья, — вот когда мы увиделись с вами.

Лицо Шайбина дернулось улыбкой, глаза блеснули, он силой сжал протянутую к нему руку Ильи.

— Здравствуйте, — сказал он, и видно было, что он едва владеет собой. — Ну, как вы? Что хорошенького пишет вам Анна Мартыновна?

Лицо Ильи стало темно-красным от прихлынувшей крови, он сделал неловкий шаг назад.

— Вы знаете Нюшу? — прошептал он.

Вера Кирилловна смотрела на них обоих.

Шайбин встал.

— Знаю ли я ее? Да. Я и вас знаю через нее… Но, кажется, надо идти обедать?

Илья неподвижно стоял в дверях. Шайбин подошел с нему, как сквозь сон, отстранил его от двери и вышел в кухню.

Стол был накрыт на три прибора, ни Васи, ни Марьянны не было. Шайбин сел первый, спиной к окну, как показалось ему — на хозяйское, просторное и почетное место. Ему дали жирного мясного супу и ломоть хлеба. Илья сел напротив. Широкая кастрюля с вареной зеленью стояла посреди стола. Вера Кирилловна то и дело вставала и прислуживала им.

Стол был выскоблен Марьянной поутру, и от него шел влажный запах чистого дерева. Старая парижская газета была разостлана на низком кухонном шкапчике, она пожелтела от времени и знакомые слова, примелькавшиеся Илье, побледнели. В этой газете когда-то было написано и о нем — так просто, упомянули его фамилию по одному делу — это Х писал о колонии в Нижних Пиренеях.

Илья крупной солью посыпал свой хлеб. Зубы его, немного тупые с краев, были белы и сверкали на темном от загара лице, пыльные волосы были легки и торчали в разные стороны. Он был одет в холщовую рубашку и широкие штаны, засученные, как и рукава. На ногах он носил зеленые парусиновые туфли.

Он ел не спеша. Не то чтобы он вообще жил не спеша — нет, этого о нем нельзя было сказать, — но жизнь и работа требовали от него постоянного, хоть и вполне бессознательного, соблюдения некоторых законов: он ел не спеша и спал очень крепко, а когда приходилось ему размышлять, как, например, сейчас, лицо его несколько менялось, и трудно было со стороны сказать, в чем именно была перемена — в неподвижном ли рте, в потемневших ли глазах или во лбу, широком и гладком, выдававшем всю молодость Ильи.

Долго молчали они, чувствуя, что каждый думает о другом, и обоих мучили сомнения. О, совершенно различные, и даже мучили по-разному — ведь оба они были такие разные! Шайбин стоял душой на пороге своего вечного ада и испытывал как бы даже некоторое блаженство от вопросов, раздиравших его ум на части. Илья застыл душой над одной-единственной тайной, словно над раскрытой книгой, где ни один знак не был ему понятен. Шайбин не отрываясь, забыв всякий стыд, потеряв всякое самосохранение, смотрел на Илью, словно в его внешности уже могла таиться разгадка, нужная Шайбину. «Вот он, этот первый из первых, — думалось ему. — Первый, шагнувший от нас и от нашего времени в иное, куда доступа нам нет. Первый из тех, что живут по-другому, чем жили когда-то мы. На нас кончилось, с них начинается. И между нами — разрыв двух эпох. Лучше ли они нас, хуже ли — рассудят третьи… Время разорвалось, мгновение, когда это произошло, никому проследить не удалось, и оказались мы — здесь, по одну сторону разрыва, а они — там, по другую. И вот он передо мной, вот его глаза, плечи, руки, голос… Как бы раскрыть его и посмотреть, что там внутри, раскрыть на миг и потом захлопнуть, но чтобы уже знать наверное… Ах, за это можно отдать и не один год жизни. И это с ним я завтра поеду в Париж? Невероятно! С ним пробуду двенадцать часов кряду наедине — а не страшно ли это? Вдруг он, не дожидаясь моих вопросов, да сам и объявит мне нечто такое, из чего мне все станет ясно? Нет, нет, лучше, кажется, ничего не знать и вот так сомневаться (не последние ли сутки?), как я сомневался весь этот год. Лучше длить эти сомнения и не торопить судьбу, не нарушать эту тайну. Боже мой, неужели она в его руках?»

Так думал Шайбин, а Илья все сидел, как над раскрытой книгой, не умея разобраться в написанном. Этот человек знал Нюшу, он был тем самым африканцем, о котором она столько писала, никогда не называя его. Но что их связывало? Что он вообще за человек? Он «последний», как говорила Нюша. О нем что-то жестокое сказал на дороге нищий. Вера Кирилловна не раз называла его «бывшим прекрасным человеком». И он знал Нюшу. Часть ее жизни, печальной и лукавой, приоткрывалась Илье, но полного ответа своим догадкам он не находил.

— Вы довольны, Илья? — спросил Шайбин. — Я хочу сказать: вот этой своей жизнью вы довольны?

— Да, — ответил Илья, — мама предлагала вам остаться?

— Я не могу остаться, — сказал Шайбин, — я еще не могу. Вы слышите, Вера, я сказал «еще». Но неужели, Илья, вы справляетесь со всем этим каторжным трудом? Вы простите, я, может быть, задаю глупейший, обывательский вопрос?

— Я работаю, работает Марьянна — она не хуже любого мужчины; летом был батрак, Терентий Федотов, но он выделился, соединился с другими русскими и образовал свое хозяйство. У нас будет Габриель, это Марьяннин жених, и, если Вася уедет, я найду людей в колонии.

— В колонии?

— Да, в Нижних Пиренеях. Там нас много. Кроме того, у меня связь с целым кругом в Париже — там человек сорок хотят устроиться недалеко отсюда.

— Но сама работа?

— То есть вы хотите знать, тяжела ли она? Да, очень. Особенно первый год.

— Вы здесь три года?

— Три года здесь мама и дети. Я приехал на полгода

раньше, работал батраком на ферме, недалеко отсюда, научился кое-чему. Особенно важно знать ремесла. На первый взгляд кажется: к чему бы они? Но на самом деле это очень помогает, а то из-за каждого пустяка приходилось беспокоить соседей. Я проработал полгода батраком, узнал многих, нашел в городе людей, которые сочувствуют расселению русских. Кое-кто в Сен-Дидье хлопочет сейчас, чтобы сдать в аренду не только свободные фермы, но и лес. Вот видите там, — показал Илья в окно, — там сейчас работают землемеры. Прошлой весной мы удачно перешли на фермаж, это конечно, совсем другое дело, чем испольщина; вы почти полный хозяин, ни от кого не зависите, не боитесь никаких сроков, не считаетесь с хозяином. Но и в аренду землю сдают здесь с удовольствием и на большие сроки.

…Конечно, трудно. И прежде, чем что-нибудь начать, надо многому научиться: узнать время посевов и сообразить, что именно и как сеять, научиться пахать на волах, если кто не умеет, и даже узнать упряжку их и порядок кормления. Тут много всяких отраслей сельского хозяйства, но мы, русские, пожалуй, больше всего пригодны для больших культур и боимся трюфелей, оливок и винограда. О нас так и говорят, что мы боимся винограда, и немного смеются над нами. Разводят здесь и особых рабочих коров, сыр делают. Много разного делают. Сейчас очень интересуются спаржей.

…У нас пока двадцать пять гектаров, немного, правда? Но и то вся жизнь на них уходит, прибавьте к этому птиц и свиней. Но, конечно, этого мало, чтобы увлечься, тут дело в смысле того, что делаешь.

— В каком же смысле?

Но обед был кончен, Илья встал.

— О смысле в другой раз, простите, — улыбнулся он, — должен идти. Это я не нарочно до смысла довел, чтобы вас заинтересовать, это нечаянно. Да он, может быть, вам и не интересен, вот Васе он, например, и вовсе враждебен.

— Вы думаете, что между мною и Васей есть общее?

— Да, — сказал Илья, на мгновение задумавшись, — но жизнь его еще труднее вашей, у него упора нет.

Шайбин встал тоже.

— Вы как бы пятками упираетесь в довоенное время, — продолжал Илья, — и тянетесь изо всех сил, а ему упереться не во что, под ногами хлипкая военно-революционная пора. И вы, со всем своим упором — от упора-то вам ведь в общем радостно? — не прочь и погибнуть, не так ли? Вообще, хотите одной судьбы с Россией, хотя судьба России, а следовательно и ваше будущее, очень темны. Ну, а Вася без всякого упора и без всякой России — и в этом непоправимый ужас — ищет себе корней и погибать ни в коем случае не хочет.

— Но в чем же сходство? — спросил Шайбин, словно хотел на чем-то поймать Илью.

— Сходство огромное: у вас с ним одно внутреннее лицо, вы оба не знаете, в чем счастье.

Илья произнес эти слова уже в дверях, но Шайбин успел настичь его.

— А вы, вы знаете, в чем счастье? — глухо спросил он, схватив Илью за рукав.

Илья взглянул мельком на эту тонкую, большую руку.

— Да, — сказал он, — но вы слишком горды для него.

И, внезапно покраснев, он сбежал с крыльца, прошлепал парусиновыми туфлями прямо по навозу, разостланному здесь со вчерашнего дня, и скрылся.

Шайбин сошел в сад. Там он показался себе самому совершенно не к месту. На огороде было пусто; куски земли были укрыты навозом; рядом, видимо, шла пересадка капусты, салата, лука и порея. В это бедное время конца сентября на грядах торчали одни остатки былой прелести баклажан, огурцов, капусты красной, брюссельской и цветной (но особого, осеннего сорта). Зато фруктовые деревья развесили плоды свои по всему саду: груши, яблоки, сливы и персики сияли на прочных ветвях, золотые, розовые, мутно-лиловые, душистые. Шайбин спустился, но не в сторону дороги, а в другую, куда, как ему казалось, пошел Илья. Здесь стояли два каменных сарая, из дверей одного из них, тупо и мудро за раз, выглянула огромная воловья морда. Криком кричала в курятнике птица. Здесь медленно передвигала ноги мохнатая собака, едва взглянувшая на Шайбина. Он прошел мимо, миновал жидкую изгородь, где под ноги ему попался заблудившийся с утра цыпленок, и вышел по тропинке в поле.

Сколько лет не бывал он в полях? Он старался об этом не думать. Голова его кружилась, когда он смотрел на летящих навстречу птиц. Дойдя до ветвистого клена, одиноко росшего у межи, он внезапно растянулся под ним на теплой, осенней земле. Перед ним было то самое место, которое столь неожиданно для всей округи было отведено Ильей под пшеницу.

Октябрь, месяц великих посевов, еще не наступил, и в ожидании озимых земля лежала ровной полосой под поташом и сульфатом. Воздух был синь и ясен. Шайбин растянулся на животе. Он увидел вздрагивающие травинки, буйного муравья… Внезапно он раскинул руки и коснулся щекой и лбом этой жесткой, шершавой земли. И тогда странная судорога, которой он так стыдился, наследие давнего и проигранного похода, свела ему лицо.

Придя в себя, он услышал, как пела Марьянна. Она пела провансальскую песню, такую длинную, что конца ее никто не знал. В песне рассказывалось о простой крестьянской девушке; ее полюбил богатый приезжий; она прижила от него ребенка и ушла в город и там изменила ему с бедным кровельщиком из своего села.

ГЛАВА ТРЕТЬЯ

Было уже совсем темно, когда Вера Кирилловна, накинув на плечи русский платок, прикрыв скрипучую дверь дома, прошла под последние ряды груш, где летом водились кое-какие цветы и где сейчас, в сухой прохладе осенней ночи, была долгая, бестрепетная тишина.

Неужели же было у нее назначено свидание? Она ждала недолго. Илья запер хлев, сунул ключ в карман и садом спустился к ней. Ночь была звездная, из-за лесу, того самого, где днем работали землемеры, вот-вот должен был выйти студенистый, ровный месяц.

— Ильюша, — позвала Вера Кирилловна.

Они молча прошли до ворот и вышли на дорогу.

— Ильюша, что же это, Вася уходит? — спросила Вера Кирилловна с безнадежностью. — Я читала письмо: Горбатов выслал за ним Келлермана. Все эти годы он вовсе не приспособлялся и не устраивался, как мы с тобой думали, но просидел два месяца в тюрьме в Челябинске, где его в двадцатом году настигли, а потом, оказывается, сразу занял в Сибири ответственный пост и сейчас — глава мехового треста. Ты слушаешь?

— Да, мама.

— Сейчас он живет в Москве, Келлерман у него под началом; он, видимо, здесь в командировке. Адольф недаром целый год сманивает Васю — он в заговоре. По письму ясно: Степану нужен любой из вас, он у Келлермана этого просто требует. Пусть Васе это все равно — это самая настоящая сделка. Беда в том, что тут сошлись внешние обстоятельства с внутренним Васиным порывом. Правду я говорю?

— Да, — ответил Илья, — сошлось Васино хотение с внешними обстоятельствами; хотение очень сильное, яростное даже, хотение вслепую, вдруг нашло себе путь осуществления. Его не авантюра прельщает и не свобода — тогда бы он просто увязался за кем-нибудь в Париж или в ту же Африку. Ему

31

хочется найти точку опоры — он не чувствует ее в себе самом, и эта точка для него сейчас — Горбатов и горбатовская Россия.

Вера Кирилловна закуталась в платок. Показался край красного месяца.

— Но Вася из тех людей, — продолжал Илья, — для которых внешние условия значат слишком много. Если не будет визы, билета, денег, неужели вы думаете, у него хватит страсти уйти отсюда? Никогда. Если прекратятся письма Адольфа, если разорвать эту связь его с Горбатовым — он останется; этот бунт против нашей жизни, против вас и меня, в основе своей — бунт за праздность, которую он думает обрести там. Он это называет «корнями», но это, по-моему, легкость жизни — впрочем, может быть, корни и есть отчасти облегчение жизни? Вы и я искали всегда жизни самой трудной... Но предоставленный одним душевным Васиным силам, этот бунт прекратится сам собой. Не потому, что бунт этот не достаточно силен и глубок, нет, он очень для Васи глубок, у него, я знаю, сейчас в душе бог знает что творится, а потому, что Вася — тот человек, которого условия жизни несут и уносят. Может быть, если бы старик, который приходил сегодня утром...

— Ты видел его, ты говорил с ним?

— Да. Он, пожалуй, не переживет эту зиму, так мне кажется, и девочка останется нам. Она выглядит старше своих лет, у нее нет никого... Но я хотел вам досказать о Васе: я завтра поеду в Париж, пойду к Келлерману. Если он отступится — Вася не уйдет. Но до моего возвращения Вася подождет меня. Другого делать нечего.

Они повернули и пошли обратно, к дому.

— Пусть он поклянется тебе, — сказала Вера Кирилловна, — иначе он уйдет, я каждую ночь боюсь, что он уйдет.

Они несколько мгновений шли молча.

— Одного тебя из Парижа ждать? — спросила Вера Кирилловна. Она задала этот вопрос, блеснув ему в самые глаза своим темным, ласковым взором.

— Ах, мама, — воскликнул Илья в смущении, взяв ее под руку, — такой второй души, как ваша, на всем свете нет.

— Но и тебя второго такого нет, — твердо сказала она. — Так как же, одного?

— Одного, — ответил Илья, — иначе и быть не может.

Ограда засветлела перед ними, белая в луне, тени в саду лежали неподвижные, отчетливые.

Было, вероятно, часов десять. Дом имел тот немного неверный вид, какой бывает, когда там, внутри, спят люди. Илья поднялся по крутой дрожащей лестнице на чердак; сверху, черный при луне, он в последний раз окликнул Веру Кирилловну:

— Мама, два слова, последнее, что мне еще нужно вам сказать: в воскресенье Жолифлер придет сватать Марьянну. Спросите в точности, когда будут высланы деньги парижской партии людей, а я предупрежу их окончательно — они ждут.

Вера Кирилловна молча кивнула и вошла в дом. Она умела двигаться необыкновенно тихо; в полутьме она увидела, что Марьянна вынесла кровать в кухню и на кровати спит Шайбин, укрывшись непромокаемым пальто. Окно было неплотно закрыто. Она постояла, послушала. Нос его, тонкий, острый, белел при слабом лунном свете, затекшая рука свисала до полу.

Дрожь прошла по Вере Кирилловне, она не посмела двинуться. Мысль о том, что рядом Марьянна, привела ее в себя. Да, Марьянна самоотверженно лежала на полу, подстелив под себя одеяло, набросив на ноги старый, прожженный платок. Волосы ее сбились и стояли на голове копной, ее свежие плечи и девическая маленькая грудь не были укрыты, а руки, большие, доблестные руки, были широко раскинуты, так что Вере Кирилловне пришлось переступить через одну из них. Такой должен был вскоре увидеть ее Габриель.

Но Вася не спал. Он сидел без свечи. Чердак был низок и пустоват; окно здесь не закрывалось ни зимой, ни летом. Две старые походные кровати стояли по обеим сторонам его, Вася сидел на своей в одной рубашке. Звезды были ему видны, о месяце он мог лишь догадываться.

Ему хотелось спать, и дважды он уже терял сознание действительности. Ему начинал сниться один и тот же сон: под подушкой Марьянны, под той, где сейчас спит Шайбин, лежит известный ему конверт. «Клянись, что не тронешь его!» — говорит Илья, но он запускает руку, и бумага, жесткая, на тонкой подкладке, хрустит у него под ладонью. И тогда чьи-то прохладные, тонкие пальцы пытаются отнять от него это письмо; их прикосновение мучительно и сладко, он выпускает конверт, он хочет поймать эту руку, но она исчезает, и он даже не знает, чья она. И ему больно и странно.

И оба раза он просыпался. Отчего бы? От тишины, от шуршанья собачьих лап под окном, от легкого ночного холода, чувствительного его голым коленям, его открытому бедру. Когда вошел Илья и долгой квинтой пропела дверь, Вася встал, сразу до дрожи почувствовал холод ночи и, зная, что теперь уже ни за что не заснет, улегся под одеяло.

Илья прошел мимо пустых кадок и старого верстака, над которым висела терпко пахнущая конская сбруя — лишняя, ни разу за все это время не снятая с крюка. В углах было черно, до звезд же можно было дотянуться рукой. Илья сел на постель к Васе.

— Убери ноги.

Вася послушно шевельнулся.

— В письме был чек? — спросил Илья.

— Был.

— На сколько?

— На три тысячи.

Илья разулся, уперся босыми ногами в свою постель и стал свертывать табак.

— Покупают тебя, Василий, — сказал он, качнув головой. — Ребенок ты несчастный!

Вася весь заходил под одеялом. Спертым голосом он ответил:

— Я тебе оставлю деньги, Илья, я тебя в убытки ввожу, работу бросаю. По условию ты с меня их требовать можешь.

— Ты спятил? Условий у нас не было, ты всегда был свободен. Моя воля была три года назад все это затеять — ты мог не согласиться. Но тебе было шестнадцать лет. Теперь ты волен делать что хочешь.

— Тут еще вопрос, — Вася, видимо, мучился, — ты не

обязан содержать маму. От отца она не примет ничего, но от меня…

— Брось валять дурака. Ведь это все тебе только кажется, что так надо говорить в твоем положении.

Молча просидели они несколько минут. Дым уходил от Ильи прямо в синеву окна и там таял.

— Не повезло тебе, Илья, с нами, — сказал вдруг Вася почти дерзко, — и я, и Марьянна наперекор тебе жить хотят.

— О Марьянне оставь.

— Что так? Разве не был ты против смешанных браков? Или уже позиции сдаешь?

— О Марьянне оставь, — повторил он, — нам, на земле, это можно.

Илья собирал в мыслях нужные слова, и в памяти его проносились то румяное лицо господина Жолифлера, то голос странника — слишком краткая встреча с ним лежала у Ильи на сердце бессознательною тяжестью.

Вася приподнялся на локте.

— Почему? — спросил он в волнении.

— Потому что земля… C'est tout autre chose. Одним словом, пока не будем говорить об этом.

Вася упал головой в подушку.

— Пока… Нет, ты просто ничего не можешь мне ответить, — усмехнулся он. — Твои планы рушатся один за другим, твои убеждения оказываются ни к чему. Я — туда, Марьянна — сюда. Жизнь доказывает, что ты не прав.

— А я повторяю тебе, что никогда не соглашусь на твою теорию «двух выходов», всею своею жизнью я докажу, что есть третий.

— Сохранишь себя?

— Ты сейчас спрашиваешь с той иронией, на которую что ни ответишь — перед самим собой стыдно. Вот моя жизнь, и это весь тебе ответ. Я сам ее выбрал, она не просто «так случилась»… Но я не хочу больше говорить о себе и спорить с тобой. Я завтра еду в Париж.

— Я это понял из сегодняшних разговоров.

— И я хочу твоего согласия на это. Ты удивлен? Как ты

понимаешь, я пойду к Келлерману. Дождись меня, скажи, что ты не тронешься отсюда, пока я не вернусь.

— Хорошо, а зачем?

— Ты даешь слово?

— Даю. Я хочу проститься с тобой. Когда ты вернешься?

— Завтра пятница. Я выеду обратно в понедельник вечером.

— Значит, я выеду во вторник.

— Ты все решил во что бы то ни стало и бесповоротно?

— Значит, я выеду во вторник, — повторил Вася упрямо.

Илья спустил ноги и отодвинулся на край Васиной постели.

— А если я добьюсь, что Келлерманы от тебя отступятся?

— Поздно. Они, во-первых, считают тебя за какого-то толстовца…

Илью передернуло.

— Во-вторых, поздно. Нет у меня больше сил. Здесь жить — гибнуть.

— Сил нет? Неужели ты думаешь, что там у тебя будут силы?

— Там будут корни, — тихо произнес Вася.

— Это в горбатовском тресте, что ли?

Они опять помолчали. Заговорил Илья.

— Нет, Вася, ты хочешь счастья во что бы то ни стало, и сам не знаешь, в чем оно… Тебе хочется праздности, перемены, какого-то допотопного душевного разврата. Ты действительно ужасно похож на Шайбина.

— А что такое Шайбин?

— Как говорит мама, «бывший прекрасный человек». Кажется, их очень много, этих бывших прекрасных людей, особенно в Париже. Да на что они?

— Ого, ты становишься жестоким, Ильюша.

— Жестокость вещь вовсе не плохая, особенно когда она помогает кому-нибудь что-нибудь не прощать.

— Тебе помогает?

— Да. Не могу и не хочу прощать.

— Кому? Отцу?

36

— Отцу в первую очередь. И затем еще одному человеку.

— Я знаю кому.

— Ты знаешь? Ладно, хорошо. У меня, кажется, не хватило бы пороху его назвать.

— Это Шайбин! — отчетливо произнес Вася.

Илья слегка отвернулся, но Вася, изогнувшись под одеялом, все равно видел его лицо.

— Лучшая в мире женщина любила его! — сказал Илья с трудом.

— Лучшая в мире, — отозвался Вася.

— Он по природе жарче тебя, знаешь? — продолжал Илья. — Он лучше тебя, Вася. В нем всю жизнь был огонь, какого в тебе нет.

— Почему ты сравниваешь меня с ним?

— Потому что в вас одно и то же дьявольское беспокойство. Но он и губит, и гибнет сознательно и страстно, а ты… бедный мой!

Последние два слова сорвались с губ Ильи почти нечаянно: это не он, это сказала сама душа его. В то же время он почувствовал на лице Васино дыхание.

— А ты думаешь, мне себя не жаль, Ильюша? — прошептал он, и в шепоте было то детское, что еще совсем недавно, внезапно и грубо, пропало в нем, казалось, навсегда. — Боже мой, как мне себя жалко!

Илья увидел его светлые глаза так близко от своих. Они были полны слез.

— Останься, — тихо, но раздельно сказал он, взяв Васю за руку.

Вася отвел глаза, рука его осталась в жестких руках Ильи.

— Нет, — сказал он, борясь со слезами, — не могу. Поезжай в Париж, возвращайся скорее. Хочу к Горбатову, хочу взглянуть, как он там вертит, хочу завертеться сам подле него.

Илья слегка притянул его за рукав рубашки.

— Останься, — сказал он еще раз, — ради мамы, — и он быстро поцеловал его. Вася дернулся.

— Она прощает мне, — выговорил он, стуча зубами, — она прощает мне, как она говорит, «горбатовский яд».

Илья встал и прошел к окну. Он начал раздеваться. Вася лежал теперь, с головой закутанный в одеяло.

— Хочешь, выделись со свиньями? — спросил вдруг Илья. — Я тебе все устрою, заживешь свободно.

Вася не шелохнулся.

— Не надо мне, не надо твоей любви, — едва разобрал Илья его голос. — Прости меня.

Он долго лежал неподвижно. Илья разделся и лег. Сон подстерегал его. Внезапно Вася присел на кровати.

— А ты вернешься из Парижа и будешь возить навоз? — звонко спросил он.

— Буду.

— И сеять пшеницу?

— Да.

Он помотал головой вправо, влево, сжал кулаки.

— Нет, не могу, — сказал он вдруг со злобой. — Мне было пять лет, когда объявили войну. Всех ненавижу.

И он бросился головой в подушку, чтобы уже не видеть ни неба, ни окна, ни Ильи.

И почти тотчас же оба заснули тяжелым сном.

Наутро Шайбин сказал Вере Кирилловне и Марьянне, что едет с Ильей в Париж. Ильи до вечера никто не видел. Он явился к раннему ужину, уже одетый по-городскому.

Его кепка и наполовину пустой чемодан явились с ним вместе. Марьянна поставила на стол две бутылки красного воклюзского. Больше всех пил Вася. Он по своей привычке сидел у стола боком, но это не нарушало некоторой торжественности краткой, почти немой трапезы. Не было семи часов, когда Илья и Шайбин вышли на дорогу. До города, того самого, где находился «Конский рай» господина Жолифера, было три километра. Железнодорожная ветка вела оттуда прямиком к А., перерезая таким образом магистраль Париж — Лион — Средиземное море.

Уезжающие должны были перехватить скорый поезд в девять тридцать.

Солнце садилось, и птицы реяли над полями. Вера

Кирилловна, однако, не сошла к воротам; Шайбин на крыльце наклонился к ней и спросил о чем-то.

— Отвечу вам, если напишете, — сказала она спокойно. Отойдя шагов десять, он внезапно повернул и побежал к дому. Возможно было, что он забыл на столе африканскую трубку. Он оставался в доме минуты две, не больше. Когда он вышел, лицо его было мокро. Шайбин плакал? О, нет! Это были слезы Веры Кирилловны.

Вася проводил обоих до шоссе. Навстречу попался им шатучий автобус. Илья сделал знак, с визгом остановились колеса; оба сели. Старуха держала двух петухов у низких, сухих грудей, трое мужчин в манишках возвращались в город со свадьбы, у каждого был в петличке цветок. Автобус, по всей вероятности, тоже каким-то образом был причастен к свадьбе: на дрожащем полу его валялись обрывки серпантина.

Когда Илья и Шайбин сели в поезд, было почти темно, а когда в А. они пересели — под фонарями, в дыму вокзала, уже наступила ночь.

Они очутились одни в прокуренном, узком отделении третьего класса. В этом месте и до самого Лиона поезд мчится с бешеной скоростью, под окном изредка, в черной мгле ночи, мелькает будто мертвая рука, за нею смутно плавают огни сел и городов. А в вагоне поют арабы, кричат матросы, играя в кости; плачут дети. Скрипит ночник.

Шайбин сел в угол и тотчас же ощутил то физическое чувство поезда, которое любил с детства: пока бегут колеса — хочется соскочить, обманчивая тревога щемит душу, тянет спрыгнуть и грудью удариться оземь. Но лишь только замрешь на станции — стопудовая лень обхлестнет тебе ноги, оплетет всего тебя, и ты не двинешься, даже чтобы выпить пива, даже чтобы послушать, о чем там кричит мальчишка со столичной газетой в руке.

Он сел в угол напротив Ильи — Илья принадлежал ему на всю ночь. Не об этой ли встрече мечтал он в африканские ночи? Он ехал в Париж, чтоб увидеть Нюшу Слётову, остановился у Горбатовых, чтобы видеть Веру Кирилловну. Но скрытая цель всего не был ли сам Илья? Тут, когда начинал он думать, открывался какой-то бред.

Вчера еще Илья был для него тайной, связанной с Нюшей, и только. Он видел в Илье соперника, человека, которого она любит, кем в сердце своем заменила его самого. Сейчас Илья стал для него больше соперника, сейчас он стал врагом, но каким врагом! У Шайбина никогда не бывало таких врагов.

Этот человек хранил в себе ключи того, чего всю жизнь искал Шайбин. Но ключи эти были из тех, что нельзя украсть, — в руках Шайбина они потеряли бы все свои драгоценные свойства. Сам Илья должен был отпереть Шайбину желанные двери, сам Илья собственною рукой — провести куда-то. Но для этого он должен был превратиться из врага в друга — может быть, больше, чем в друга, может быть, в брата…

Он смотрел на Илью, как тогда за столом, и опять ему хотелось раскрыть его, и заглянуть в него, и прочесть все ответы. Но он чувствовал, как Нюшина загадка становится только частью той огромной загадки, которую задает ему Илья всем своим существованием. Да, и в Алексее Ивановиче Шайбине, несмотря на всю его страстность, мысль об Илье порою без борьбы побеждала мысль о Нюше.

Он хотел раскрыть Илью и заглянуть в него, но в нем исчез смешной, малодушный страх, что Илья сам нечаянно откроет ему то важное, что изменит вдруг всю Шайбинскую жизнь. «Длить надежду» — нет, этого унизительного желания больше в нем не было. В нем даже появилась редкая для него и всегда сопряженная со страданием жажда борьбы.

Но тем труднее было начаться разговору.

— Вы будете спать? — спросил Илья, все время молча куривший.

— Нет, я бы послушал вас, если бы вы мне что-нибудь рассказали, — ответил Шайбин и поднял воротник пальто.

Илья невольно улыбнулся ему, и Шайбину захотелось найти в этой улыбке иронию или превосходство. Но ни того, ни другого в ней не было.

— Вам бы хотелось послушать все, как было? — просто сказал Илья. — Извольте, Алексей Иванович, но вы будете разочарованы, вы, вероятно, все уже знаете по ее письмам, да и всего-то было так мало!

Шайбин почувствовал внутреннюю дрожь — возможно, она происходила оттого, что в этом месте, сейчас же за Монтелимаром, резко меняется погода. Ему, три года прожившему в Африке, забытый север вдруг показался подозрителен. Он встал, захлопнул дверь в коридор, откуда шла пагубная свежесть, и снова сел, сунув руки в карманы.

— Я узнал ее в Париже, — продолжал Илья, — я видел ее раз пять-шесть. Потом я уехал, потом мама и дети приехали ко мне. Через месяц, приблизительно, она написала мне. С тех пор мы продолжаем переписываться. И это все.

Илья замолчал. Вагон кидало из стороны в сторону.

— И это все? Да я знаю гораздо больше, — усмехнулся Шайбин. — Вы, однако же, вовсе не такой простачок, Илья, каким кажетесь. Вы очень ловко умеете молчать.

Илья зорко взглянул ему в глаза.

— О, нет, Алексей Иванович, я совсем не простачок, и, пока не поздно, предупреждаю вас об этом. Оттого, что я «сел на землю», я еще не стал милым и наивным простаком. Ради бога не ошибитесь.

— И больше вы мне ничего не скажете? — спросил Шайбин спокойнее.

— Нет, Алексей Иванович, больше я ничего не могу вам сказать. Но о вас я знаю тоже очень мало: начать с того хотя бы, что Нюша мне ни разу вас не назвала по имени. Теперь только я понял, что это были вы.

— Что же она вам обо мне писала?

— Что знала вас не долго, что вы любили и ее, и сестру ее, что сестра ее после вашего отъезда отравилась, что тогда Нюша за вами на край света пошла бы. А теперь…

— Ну, кончайте!

— А теперь — нет.

В полутьме вагона Шайбин побледнел.

— Мне холодно, — сказал он, — это вам не Африка.

Об Африке напомнил ему араб. Он стоял в коридоре у окна, его было видно сквозь стекло двери. Ветер трепал его

41

белую одежду, издали казавшуюся ангельски чистой; он ел сливы и выплевывал скользкие косточки в черный, бегущий навстречу лес. Громадный ангел ел ночью сливы, ему тоже был страшен север, как Шайбину.

— А Марьянна? — спросил вдруг Шайбин. — Она выходит замуж?

Илья кивнул головой.

— Да. Могу вам рассказать и про Марьянну Она выходит замуж за сына хозяина «Конского рая», Габриеля Жолифлера.

— Вы в этом тоже видите какой-нибудь смысл?

— Теперь вижу. Раньше я этого боялся, я боролся с этим: ассимиляция — страшный вред, второй после возвращенчества, но в этом случае — мне это трудно объяснить, это еще не улеглось во мне, — в этом случае она, может быть, и благо. И знаете, кто меня в этом убедил? Сам Жолифлер и еще один человек. Жолифлер меня понял сразу, он сказал, что сначала боялся, как и я, но что теперь он знает, что так надо. Ах, если бы вы знали, что за странный человек! Весь день среди конских туш, кровь каплет, а в воскресенье придешь — разговаривает о самом насущном. Мой бывший хозяин с ним приятель. Хозяин мой — мэр Сен-Дидье, Жолифлер — тоже в муниципалитете, и оба верят в некоторые возможности. Но это секрет.

— Что за секрет?

— Не могу, не мой. Это касается свободных ферм по ту сторону Сен-Дидье и расширения консервной фабрики. По правде сказать — все дело в спарже.

— В спарже? — пораженный, воскликнул Шайбин, и ему внезапно захотелось расхохотаться.

— Да, но уж и так выболтал слишком много.

— Выболтали? Ваше счастье, Илья, а мое несчастье, что вы никак ничего не можете выболтать. Но подождите, дайте мне еще вас послушать. От этой самой спаржи ваш собственный брат в Россию бежит?

— Он — в Россию, а вы — в Париж, — сказал Илья сухо. — Я сказал нам, что вы с ним схожи. Только он опоздал, ему бы нельзя походить на вас, ведь он нашего поколения. За что же он обречен мучиться, как вы мучитесь?

Шайбин передернул плечами.

— И, однако, вы думаете, что его можно удержать? Вот, вы едете в Париж: вы, значит, надеетесь?

— Я ни на что не надеюсь, Алексей Иванович. Надо сделать все, я и делаю.

— Только за тем и едете?

— Нет, не только.

Илья покраснел.

— Я еду, чтобы увидеться с Нюшей, но и это еще не все.

Какая-то женщина прошла по коридору, пошатываясь от движения вагона, и зеленое лицо с черными губами заглянуло к ним в отделение. Они долго молчали — женщина успела пройти обратно.

— Значит, Вася тоже «последний»? — спросил вдруг Шайбин, наклонившись к Илье.

— Это слово в ваших устах как пароль, Алексей Иванович.

— Отвечайте мне.

— Да, «последний».

— И вы все-таки хотите для него сделать все? Но подождите, может быть, вы и для меня готовы сделать все? Может быть, вы еще вчера все это решили и путешествие это не случайно? И разговоры эти — ваша тактика?

— Я ни на что не надеюсь, Алексей Иванович, это время научило меня действовать без надежды, раньше, вероятно, людям казалось это невозможным, и само действие должно было от этого страдать. Теперь все изменилось. Да, и для вас тоже… надо сделать все. Но в этом, как, впрочем, и в деле с Васей, вы знаете, я не один.

И Илье вспомнилось, как стояли они с Верой Кирилловной вчера ночью при луне и как он дважды поцеловал ее в шелковый пробор.

Он не видел теперь лица Алексея Ивановича. Прошло несколько минут.

— Вы, Илья, действительно необыкновенно хороший человек, как вас называет Нюша, — с волнением наконец сказал

Шайбин. — И я не знаю, благодарить вас или корить за то, что вы сегодня столького мне не договорили.

Он встал, запахнул пальто. Мысль о забытом северном рассвете, который через несколько часов зашевелится в окне, пронзила его тоскливым чувством. Он прошел до двери. Как грохотали колеса! Как протяжно звенели ночные рельсы!

— Алексей Иванович, что такое Африка? — спросил вдруг Илья.

— Это место, куда в любое время может поехать каждый человек.

— Вы не хотите мне рассказать о своей жизни?

— Нет.

— Вы были в Иностранном Легионе?

— Да.

— Как же вы оттуда выбрались?

— Меня освободили по болезни…

— Какая у вас болезнь?

— Сердце.

— Вам было плохо?

— Я уже сказал, что не хочу рассказывать.

— Тогда ответьте, есть возможность выписать оттуда людей на работы, из тех, что кончают срок?

Шайбин стремительно оглянулся.

— О чем вы спрашиваете! Вы маньяк!

Он вернулся на свое место. Он хотел дать себе отчет: о чем же, собственно, они все это время говорили? Что узнал он такого, что как будто изменило его? Нюша? Да, и Нюша, и еще что-то.

— Вы, значит, думаете, что меня можно спасти? — спросил он в пространство.

Илья не был приучен к подобным разговорам, Шайбин изнурял его.

— Вы давно догадались об этом, — сказал он жестко. — Зачем вы спрашиваете?

— А что вы сделаете с Нюшей? — спросил Шайбин, чувствуя, что уже не может остановиться.

Но Илья не умел и не хотел сдаваться. Он видел, как

внутренняя дрожь Шайбина постепенно проступает наружу — у него начали стучать зубы. И внезапно завтрашний день представился Илье вихрем темных событий — они были как бы заодно с этим ночным грохотом вагонов, с ревом паровоза. Он увидел смутные улицы, где предстояло ему бродить, дома, где живут и не свои, и не чужие люди, и так ясно сердцем почувствовал он приближение этой сложной жизни, что одно мгновение был близок к тому, чтобы схватить Шайбина за руку, безрассудно открыть ему то, чего открывать нельзя, и просить его о невозможном.

ГЛАВА ЧЕТВЕРТАЯ

Шайбин открыл кран: кипяток с силой хлынул в умывальник. Пар поднялся в пыльной маленькой комнате, замутил зеркало и окно так, что несколько минут ничего не было видно. Шайбин открыл другой кран, холодный, подождал, пока вода станет теплой, вымыл лицо, руки, шею и вытерся суровым полотенцем. Надо было спешить, надо было во что бы то ни стало поспеть.

Он едва пригладил мокрой щеткой редкие, длинные волосы. Как ненавидел он все эти необходимые движения! Он переменил воротник, вытер, чем бог послал, свои страшные сапоги. Времени у него было мало.

Но Илья не выходил. Дверь его, соседняя с дверью Шайбина, была закрыта, и за ней было тихо. Шайбин поднялся этажом выше. Никто не нагнал его. Здесь коридор был несколько темнее, в дальнем конце горел рожок. Шайбин едва не споткнулся о груду грязных простынь, вынесенных из открытого номера. Он два раза прошел до конца коридора, отыскивая нужную дверь. Этой дверью кончались его прежние странствования и начинались новые.

Он постучал, но никто не ответил ему. Он постучал еще раз, стараясь не думать, как войти, что сказать, — слишком много об этом было передумано. «Она не одна!» — промелькнула в нем отвратительная мысль.

— Кто там? — спросил женский голос.

И Шайбин вошел, потянул дверь и повернул за собою ключ.

Много позже он вспоминал эту минуту и ничего, кроме счастья и ужаса, не мог припомнить. И еще: край красной шелковой юбки, выбившейся из неплотно закрытого зеркального шкафа.

Нюша лежала, укрытая высокой периной; в комнате был полумрак, и она не сразу повернула голову к двери.

— Шайбин? — сказала она, вглядевшись в вошедшего. — А который час?

46

Он молчал. В комнате было жарко, пахло духами и папиросами, и повсюду были разбросаны Нюшины вещи: белье, чулки, сумка, даже шляпа, даже шуба.

— Я спрашиваю, который час? Ты оглох, Алеша?

Потом уже Шайбин заметил, что часы стояли у нее на ночном столике.

Она откинула перину, но осталась лежать, и тогда только он увидел ее: она остриглась, она похудела, она стала совсем другой.

— Ты, я вижу, в волнении, — сказала она, поднимая бровь, — повесь шубу на гвоздь, а сумку дай мне; вот тебе и кресло.

Он подал ей сумку. Она накрасила губы, закурила и легла повыше. У нее были светлые волосы, вьющиеся за ушами, а сами уши — маленькие, ровные, — словно чайные розы: светлые у краев, густо розовые в середине.

— Надолго, Алеша? — спросила она, неспешно разглядывая его, покуда он не сел. — Ты прямо из Марселя?

— Нет, я заезжал к Горбатовым.

— К Горбатовым? Ну, и что же?

— Ничего. Марьянна замуж выходит.

— За маркиза?

— Нет, за мясника.

— А Илья? — спросила она простодушно.

— Илья здесь.

— Здесь! — вскрикнула она, садясь на кровати, роняя папиросу на ковер. — С каких пор?

Шайбин молчал.

— Я пошутил, — сказал он, бледнея. — Он собирается, велел кланяться… Может быть, на будущей неделе…

— Как ты состарился! — сказала она холодно. — А по письмам мне казалось, что ты все тот же.

Комната была настолько тесна, что, сидя в кресле, Шайбин мог одной рукой дотянуться до стола, другой до кровати. Куда выходило окно? Там, за ним, было так тихо и темно, что это начинало его тревожить. Но Нюшины вещи были здесь, подле него, вещи, которые для него значили слишком много, которые имели такую власть над ним и унижали его так, как никогда ни одно живое существо не унижало.

Здесь были ее перчатки, дорогие, лайковые, с рисунком у запястья, маленькие и, вероятно, всегда теплые и немножко живые; здесь были ее кривые ножницы, без которых она дня не могла прожить и которые вечно терялись; здесь лежал пестрый шелковый платок в крупную клетку, книга в желтой обложке, чья-то записка; со стула свисали бледные чулки, прямо в подставленные туфли, а над грудой лент, подвязок и шелка хотелось плакать, хотелось дышать этим шелком, спрятав в него лицо.

— Как ты рано пришел, — сказала Нюша, — я еще спала.

Он на мгновение опустил голову.

— Дай мне руку, — сказал он, — ты еще не поздоровалась со мной.

Она протянула ему нежную, теплую руку с короткими розовыми ногтями.

— Ты знаешь, зачем я приехал? — спросил он, целуя ее в ладонь. — Я приехал жениться на тебе.

Она отняла руку и закрыла глаза.

— Алеша, — сказала она, — я тебя слишком знаю: мне скучно с тобою. Если я скажу, что я не согласна, ты побледнеешь и начнешь целовать мне ноги. Если я скажу, что согласна, — ты… ты, может быть, все-таки не женишься на мне.

— Молчи, молчи!

— Но я все-таки тебе скажу «нет». И не потому, что не могу тебе простить смерть Любы — ведь после нее девочка осталась, ты подумай, это в наше-то время! И не потому, что ты бросил меня три года назад. Я скажу тебе «нет» оттого, что я совсем не могу больше с такими, как ты, я слишком сама такая, как ты. Оставь меня в покое.

Шайбин пересел к ней на постель. Она отодвинулась от него, натянула одеяло.

— Всякой тревоге должен быть конец, — сказала она, — не обнимай меня.

— Я противен тебе?

— Ты не понимаешь меня; ты не противен мне. Ты моей

48

душе брат, и мне неловко, мне тяжело с тобой. Я больше не могу.

— Другого любишь?

— Да.

Она угрюмо отвернулась, ресницы ее скрипнули по подушке.

— Илью?

Шайбин нагнулся к ее лицу. Он снова узнавал эти губы, этот сильный круглый подбородок, эти глаза.

— Илью, — сказала она.

В то же мгновение он коснулся ее губ. Она забилась у него в руках, но ее собственные руки были под одеялом, и он крепко держал ее. Он жестоко раздвинул ее прохладные зубы, и она затихла.

О времени в комнате можно было только догадываться: окно выходило в стену. Оттого и было так тихо, улица была далеко. Шайбин выпустил Нюшу и снова сел в кресло; руки его дрожали.

— Нет у тебя любопытства ко мне, — сказал он, — а без любопытства нет любви.

Нюша не двигалась.

— Нежность есть, — сказала она тихо, — такая, как к себе самой. Но больше насильно меня не целуй, Алеша, — разве можно целовать насильно после того, как мы целовались когда-то?

И она посмотрела на него так, словно хотела в памяти его воскресить дорогие и грозные мгновения.

— Дай мне увидеть тебя, — сказал он глухо.

Она покачала головой.

— Алеша, ничего этого не будет: мне своей тревоги довольно, нам нельзя вместе быть, мы оба пропадем.

— А ты что ж, спастись хочешь? — спросил он грубо.

Она с минуту грустно смотрела на него.

— Хочу спастись.

— Тебе не спасаться надо, а на содержание идти, — сказал он.

Она не потерялась. Она сделала движение головой, и

волосы упали ей на глаза. Потом она долго не двигалась. Можно было подумать, что она не дышит, так неподвижно было ее тело под грубым голубым одеялом.

Зачем теперь было Алексею Ивановичу оставаться здесь? Ему пора было идти. Куда? Обратно на вокзал, ловить тот же поезд на тот же юг. Но не смешны ли, вообще говоря, подобные человеческие поступки? И Шайбин, взяв одну из перчаток, прижал ее к лицу. Неужели это было единственное, что оставалось ему?

— Нюша, — позвал он.

Она медленно повернула к нему голову.

— Нет, Алеша, — сказала она несколько гордо. — Будь «последним», если хочешь, а я не хочу. Авось уцеплюсь за что-нибудь, не погибну. Только — прежней жизни конец.

— Не надо тебе меня? — спросил он с мукой.

Она помотала головой.

— Мне ответ надобен, — сказал он тихо, — а ты в такой же тьме, как и я.

Тогда дикая тоска взяла Шайбина. Он встал с кресла, кинул перчатку на стол, сделал шаг к кровати.

— Ответ твой внизу, — сказал он с яростью, — комната тридцать четыре. Сегодня со мною изволил прибыть и до сих пор, как видишь, к тебе не пожаловал.

Последние слова слились у него во рту в кашу. Он повернулся, ударился коленом о стул, отпер дверь и вышел. Нюша побежала за ним в одной рубашке, высунула голову в коридор.

— Алеша! — выкрикнула она. Шайбин не оглянулся. Он сошел вниз все три этажа, сердце его отчаянно билось. До сих пор он еще не приметил ни города, ни улиц. Он спустился к ним, как спускается пьяный на дно своего пьяного омута.

День был, каким обещал быть. Ранний туман висел между домов. Асфальт блестел. Хоть дождя и не было, но все было влажно: скамейки бульвара, фонари и холодные камни. Шайбин прошел мимо двух-трех лавок, пересек широкую улицу, над которой стоял стон автомобильных рожков, и пошел незнакомыми переулками туда, где по его представлению должно было находиться кладбище.

Здесь над покойницкими склепами висел мост, по которому тяжело взбирались автобусы, со звоном и грохотом проходили трамваи. Воздушная улица перерезала кладбище надвое. Эти в различных плоскостях города прорубленные улицы до сих пор казались Шайбину чем-то чудовищным. В Париже он знал их в самых идиллических кварталах, но когда-то виденный Лондон и где-то неподалеку от царственного моста черные двухэтажные улицы Уайтчепля до сих пор оставались в памяти его, как теснящий душу кошмар.

Отравленная зелень под мостом не шевелилась, переполненные склепы были глухи. Шайбин прошел обратно, спустился по покатой мостовой и вошел в ограду. У ворот стояли дроги, и, присев на их край, волосатые факельщики, с утра во хмелю от выпитого натощак белого бордо, переговаривались о неинтересном.

Шайбин прошел в первую попавшуюся аллею. Пахло гнилью городских садов, где земля на два вершка издавна пропитана окурками, где летом молча задыхаются птицы. Маленькая девочка шла по дорожке в круглых очках и коротком бурнусике. Шайбин постоял, поглядел ей вслед. Он искал в себе уязвленную гордость — нет, ее не было. В отсутствии гордости, как и в раздвоенности его, тоже была печать времени. Все, все было печатью времени: и даже то, что он сейчас оказался на кладбище… А время было хорошее, благословенное время, так по крайней мере говорил Илья… Но он-то, он, Алексей Шайбин, задыхался в нем! Когда-то с радостной безнадежностью задыхалась в нем и Нюша, но она больше не хотела задыхаться, она искала новые горячие лучи, кто-то уже обдал ее слабой волной неведомого кислорода.

Она вернулась от двери, зажгла в комнате свет и, боясь и не веря, начала одеваться. Шелковый чулок, тот самый, над которым Шайбин только что готов был плакать, разорвался, петля побежала. Нюша перерыла шкаф, нашла другой. Она надела короткое шерстяное платье, зачесала волосы с круглого лба за уши — там, под гребнем, они густо вились — Нюша не

51

так давно стала носить эту прическу, — потом нашла коричневые низкие туфли, застегнула их крючком. Нет, Илья и вправду не шел!

Эта комната, в искусственном свете в одиннадцатом часу утра, была беспорядком своим нестерпима. Нюша двигалась немного резко, она была высока и худа, с слишком тонкими ногами и, может быть, хрупкими плечами. Раза два она глянула в зеркало. Было в ней что-то неизъяснимо простое, скромное и ясное, несмотря на красный, припухлый рот и длинные, крашеные ресницы. Или она зря поторопилась одеться? Бессознательно протягивая время, она перечла записку, лежащую с вечера на столе:

«Был в полдесятого, как назначили. Считаю, что всякому вранью должен быть конец. Если не могли вчера быть дома, нечего было морочить голову.

А. К.».

Илья все не шел.

Тогда она вдруг заметалась по комнате, накинула шубу на плечи, потушила свет и раздвинула шторы — безнадежный день глянул в комнату. Она прошлась до двери, вернулась, взяла с ночного столика носовой платок и сжала в комочек. Взглянув рассеянно на неубранную постель, она, наконец, вышла. Нет, и на лестнице никого не было.

Остаток сомнения еще был в ее душе, когда она спускалась. После нее в темном коридоре остался запах духов. Она прошла по пустынной площадке, не таясь: она знала, что в этот час не встретит никого из живущих здесь: Берта, Наташа и Меричка все еще спали. Но горничная услыхала ее шаги. Она вышла из номера, который занял Шайбин, и, увидев, что в соседнюю дверь стучат, сказала:

— Мосье нет дома.

За дверью было слишком тихо — так, по крайней мере, показалось Нюше.

— Он ушел? — спросила она, и шуба поползла у нее с плеча.

— Мосье нет дома, — повторила горничная. — Он даже чемодана не раскрыл.

Они смотрели друг на друга еще с полминуты. Потом горничная поправила платок на голове, и метла засвистала по бобрику.

Ключ торчал в замке; не помня себя, Нюша повернула его и вошла. Илья ни до чего не дотронулся. Лишь одно из полотенец было смято и лежало на полу, на постель был брошен чемодан. Нюша, не закрывая двери, сделала два шага к нему, он был не заперт. Она открыла его. Сверху лежала записка Марьянны: «Ильюша! Привези мне в подарок лиловое мыло, каким моются в Париже». Нюша уронила крышку. Ей пришло в голову, что можно бы подождать Илью здесь, сидя, на столе, упершись ногами в кресло. Но она испугалась, что он не вернется раньше вечера. По правде сказать, она сама не очень поняла свой испуг, она просто почувствовала сильную, тайную тоску.

И тогда она, все придерживая шубу, вышла из номера и спустилась вниз, к телефону. Там по-вчерашнему двигались люди, пахло едой. Нюша подошла к телефону и взялась за трубку: у нее были дела, которые никак долее нельзя было откладывать, ей необходимо было ответить Адольфу Келлерману на его вчерашнюю записку.

Дом, где Александр Адольфович Келлерман снимал для себя, жены и сына меблированную квартиру, был громаден и находился в широкой, неподвижной улице между Елисейскими Полями и набережной Сены. Половина окон его была наглухо закрыта ставнями — обитатели в большом числе должны были вернуться в город лишь через неделю, не раньше, то ли из Биаррица, то ли с вод великого и чистого озера Аннесси, то ли из глухой и роскошной Оверни. Мраморная лестница, по которой не без отвращения взошел Илья, была укрыта ковром, у зеркал, там и здесь, стояли тропические растения. Сюда, с год назад, по желанию отца, прибыл Адольф с матерью для изучения кораблестроительства и спорта, прямым рейсом из уплотненной квартиры в Настасьинском переулке, где ему в скорости угрожало отбывание воинской повинности.

В недавние, но уже вполне забытые годы детства, Адольф учился в той же советской школе, что и Вася с Марьянной. Старый Келлерман еще не был тогда знатоком пушного дела, каким сделал его в годы новой экономической политики Горбатов, когда сам появился (ценою чего?) во главе одного из сибирских трестов, да не в качестве бывшего человека, так и быть, с контролем использованного, за которым неукоснительный нужен глаз да глаз, а в качестве самого этого глаза… И Келлерман, под Горбатовым, ожил, завладел в Настасьинском переулке чьим-то брошенным добром, выселил в короткое время жену и сына в благополучие Парижа и, выслужив себе командировку, сам на время отправился в Париж. Были у него здесь дела: бобры, входившие в ту осень в большую моду, и другое дело, как бы вовсе бобрам и продаже их противоположное. Вася был главной частью этого другого дела: эта часть касалась не только личных отношений Келлермана с Горбатовым, но и сама по себе, при случае, могла почесться в Москве общественной заслугой.

Когда Илья позвонил и грудастая горничная в наколке открыла ему, его спросили: кого именно желательно ему видеть, Александра Адольфовича или Адольфа Александровича?

— Александра Адольфовича, — сказал Илья.

С кепкой в руке он прошел в гостиную.

В этой темной и, вероятно, огромной квартире, где по стенам висели портреты красавиц и престарелых военных, где в простенках стояли шкапчики с секретными замками, а в углах — изогнутые диваны и козетки, должно быть некогда жили люди с безукоризненным прошлым, с умеренными желаниями, выполнению которых они и предавались всю свою безмятежную жизнь. В детской у них, как на классных картинках, по которым все мы учились в свое время, играли дети, в спальной — спали взрослые, в гостиной — сидели гости, а в столовой слуги разносили дымящиеся блюда. Но в этой жизни, может быть слишком правильной, случилось нечто, что заставило впустить чужих людей на атласы Обюссона, под люстру Людовика. То ли мосье застал мадам в объятиях лакея и потребовал развода, то ли умерла старая тетка, оставив в Швейцарии дом с многомиллионными угодьями, и решено было срочно переселиться туда, то ли младший ребенок выпал, играя, на тротуаре благопристойной улицы, и несчастные родители не захотели больше этого Богом проклятого места.

Илья оставался стоять посреди комнаты.

Сквозь три ряда кружевных занавесок (малых, больших и раздвижных) видна была квартира напротив: белый рояль, высокое зеркало, шелковое одеяло под балдахином похожей на соусник кровати. Там еще мосье не застал мадам в объятиях лакея, не умерла еще добрая тетя Элиза, у которой было столько странностей, не выпала курчавая девочка из высокого окна.

Илья слушал. За дверью ходили, в нижней квартире работал пылесос, радио подавало хриплые телеграммы:

— Алло... Алло... Рио-Тинто... Шель... Шель... Рояль-Детш... Алло...

И звучала, как из детской музыкальной шкатулки, бедная и робкая «Марсельеза».

Когда Илья оглянулся, Александр Адольфович Келлерман был уже в комнате. Он стоял в дверях, расставив руки и ноги, склонив голову немного набок. Выражение лица было у него всегда одно и то же: да, я хитер, но, прошу заметить, перед вами я решил этого не скрывать.

На нем был отличный костюм в мелкую, но пеструю клетку, мягкий воротник, чуть артистического фасона, и пышный веселый галстук. Верхняя пуговица брюк и нижняя жилета были не застегнуты. Он так и пошел на Илью.

— Здравствуйте, дорогой идеалист! — воскликнул он, однако из предосторожности не подавая Илье руку. — Не ждал вас, но рад, рад и даже, поверьте, несколько польщен; входите.

Он заставил Илью пройти в кабинет, сам прошел за ним, закрыл дверь и другую, ту, что выходила, по всей видимости, в коридор, и, сев в кресло у стола, придвинул Илье кожаный комфортабельный стул, любуясь тем, как Илья не находит места своей кепке.

Илье сразу стало ясно, что человек, находящийся перед ним, принадлежит к тем людям, для которых время имеет другую глубину, другую емкость, чем для большинства, к которому причислял он и себя. Люди эти умеют за раз думать о целом ряд вещей. По тому, как любовно Келлерман положил свою короткую пухлую руку на трубку стоящего на столе телефона и как другой сделал жест, добрейше приглашая Илью слегка придвинуться к нему, было видно, что, несмотря на некоторый жар, с которым Илья был встречен, Келлерман не забывает и иные дела свои и даже, вполне возможно, тут-то их и решает.

— Я сказал «дорогой идеалист», — заговорил Келлерман, как только почувствовал, впрочем, ошибочно, что Илья собирается заговорить, — но что такое «дорогой» и что такое «идеалист»? Дорогой — оттого что вы сын глубокоуважаемого нашего Степана Васильевича, а идеалистах, не спрашивайте меня об этом! Это настолько болезненно, что я не могу даже думать, не то что говорить… Подумайте, на что вы променяли свою молодость? Но нет, не будем вспоминать об этом!

Он замолчал, решив, что наступило время выслушать Илью, но тот молча и с любопытством следил за Келлерманом.

— Позвольте мне быть с вами совершенно откровенным, — в некотором даже нетерпении продолжал тот, не снимая, однако, руки с телефона. — Адольчик предупреждал меня, что вы надышались за эти годы слишком свежим ароматом лесов и полей, что вы в некотором роде теперь дитя природы, и поэтому нам нечего на вас рассчитывать. Чему в таком случае обязан я вашим любезным посещением?

В эту минуту зазвонил телефон.

Келлерман, все еще улыбаясь, поднял трубку. Разговор его был очень краток: вызвали Адольфа, но Адольфа не было. Когда он будет? Да, вероятно, скоро, к завтраку. Что-нибудь передать? Нет?

Он положил трубку, а на трубку ту же руку.

— Чему обязан я вашим любезным посещением? — повторил он, явно думая о другом.

Илья несколько наклонился к нему.

— Александр Адольфович, — сказал он со смиренной сдержанностью, — оставьте Васю в покое.

Келлерман вдруг и совершенно явно пришел в себя. Он почувствовал, что карты сданы и пора незамедлительно приступить к игре. Вдохновение, род содрогания, пронзило его, он понял, что ждал этих слов, как ждал и самого Илью, но тут же решил этого не обнаруживать.

Он застыл, но не надолго. Свободной рукой хлопнул себя по коленке.

— Видит Бог, не ожидал я от вас подобной просьбы, Илья Степанович! — воскликнул он, как нельзя более благодушно. — Разве я насильно возвращаю Васеньку Степану Васильевичу? Васенька едет сам, с ним об этом и разговаривайте; или еще: апеллируйте к вашему папаше, я исполнитель его воли, не больше. Я никого не насилую.

Илья терпеливо, с упорством вежливости и выносливости, слушал его.

— Александр Адольфович, — сказал он опять, — я затем приехал в Париж из провинции: оставьте Васю в покое.

— Напрасны подобные унижения, Илья Степанович, перед человеком, которому, если не ошибаюсь, вы не согласились бы подать руки. Не выезжали бы из провинции, ха-ха, простите за грубость. Я тут ни при чем.

— Вот ваш чек, — сказал Илья, вынимая из кармана узкую бледно-зеленую бумагу. — Вася возвращает вам его.

Келлерман этого не ждал — по лицу его прошло мгновенное злобное раздражение.

— Вася просит передать вам на словах, — продолжал Илья, — что он принял решение: он хочет некоторым образом испытать себя. Ни в ваших деньгах, ни в добывании паспорта он не нуждается. Если он захочет вернуться в Россию, он сделает это без вас. Вероятнее всего, он не вернется, но если вернется, то не как купленный, а за свой страх, и не к Горбатову, а сам по себе. Он просил сказать вам все это.

Усмешка мелькнула на подвижных губах Келлермана.

— Вам, вероятно, известно, — сказал он скромно, — что этим он причиняет неприятность одному мне.

— Вот как? Почему же? — с живостью спросил Илья. — Разве вы только что не сказали, что в этом деле ни при чем?

Но Келлерман ошибки своей не увидел, да и что ему было до словесных ошибок, когда в уме его механически отчетливо созидался безошибочный план дальнейших действий? Он едва понял, что Илья собирается его на чем-то поймать.

— Я сказал... — он сделал рукой неопределенное движение, как ему показалось, не лишенное изящества, — и роли моей здесь как бы и нет. Но вы понимаете, дорогой мой, что в наше время мы приезжаем сюда не только пустышить по поводу товарообмена, мы стали людьми двойной, а то и тройной профессии. Васенька нужен не мне, вернее, не мне одному. Он мне нужен как бы в-третьих; Степану Васильевичу он, конечно, нужен во-вторых.

Он замолчал внезапно и, опять что-то соображая, уставился на Илью. Тот не двигался. Медленно посреди лба у него вздулась большая, в палец толщиной, синяя жила.

— У нас, впрочем, как и всегда у русских людей, практика дела тончайшим образом связана со смыслом высшим и таинственным. Так, так; низменные, карманные, скажем, задачи соединены в умах наших с удивительно, порой головокружительно возвышенным оправданием. Мне казалось, Илья Степанович, что и у вас, простите, в этом отношении уцелело нечто от вами потерянной родины? Ваш идеализм, о котором я, кажется, не столь блестяще выразился в начале нашего разговора, тоже не связан ли с вашим так называемым частным положением? Впрочем, молодость ваша может легко этим оскорбиться; не буду сравнивать себя с вами, но о себе скажу, коли вы решили еще посидеть, несмотря на то, что я решительно отказал вам в вашей просьбе, — я утешаюсь тем, что мне предстоит вести с вами настоящую гражданскую войну.

Вот за этим-то словом и прибыл Илья Горбатов в город Париж из своей провинции!

58

— Войну! — воскликнул он и глаза его засверкали. — Я пришел к вам за этим словом: не отцовские чувства Горбатова, не ваша с ним дружба — вы хотите снимать людей с земли! И вот что такое для вас Вася во-первых! С него начинаете вы ваш организованный поход на нас — что ж, кусок лакомый, как хотите. Ну, да ведь и работа была большая — год обрабатывали. А ведь это еще его, который и сам летит на ваш огонь, у которого из души все скрепы время вытянуло!

Келлерман пригнул голову к плечу.

— Никогда не мог вам отказать в сообразительности, — сказал он, замедляя этим темп разговора, — еще когда вы на Патриарших прудах Адольчика и Васю кораблики пускать учили. Только стоит ли так яриться? Экая, в самом деле, младость воинственная! Васенька ваш небось узелок сейчас увязывает, денежки у Веры Кирилловны из комода вытягивает (ужасное ребячество вернуть чек!). Васенька не уйдет от нас, с него начинаем.

Илья встал.

— Неужели вы думаете, что мы отдадим кого-нибудь без боя? — сказал он раздельно и громко, широкою ладонью упершись в письменный стол Келлермана. — Наши люди не из таких. О, да, вы совершенно правы: карманный интерес связан у нас с возвышенной целью, как и у всех вообще русских людей, без этого мы не можем. Но потому так эта цель и прочна, что она свободно соединена с «карманом»: земля — это наш сегодняшний карман, и он ведет к таким высоким смыслам, о которых вы и не догадываетесь.

— Где мне, Илья Степанович! — всплеснул руками Келлерман. — Не моего ума дело. У вас тут вообще все очень сложно: Лига Наций, Земельная Комиссия какие-то, низость, еще что. Мы люди простые: билет и паспорт в зубы (Александр Адольфович игриво сказал «пачпорт») — вот и вся недолга. И, знаете, клюет!..

Келлерман шутливо двинулся в вертящемся кресле.

— Ну, это ты врешь, мерзавец! — сказал Илья неожиданно вполне спокойно. — Вася пока первый кусок, но он залог твоей будущей работы здесь, и потому он тебе так нужен: Горбатов тебе большие чины схлопочет за него, это понятно.

— Я прошу вас уйти теперь, — сказал Келлерман. — Спасибо за «мерзавца». Воспринял с бытовым интересом.

Илья изумленно посмотрел на него.

— Вот так сволочь! — сказал он немного наивно. — Да, к такому и верно никого пускать нельзя.

Он взял кепку, которую сумел-таки засунуть в свое время за шахматный столик. Келлерман молча следил за ним.

И тут Илье захотелось выкинуть что-то дурашливое, ничтожное и смешное. Он стоял среди комнаты и чувствовал, что никто никогда не узнает то нелепое, что его тянет сказать. Ему никогда не придется покраснеть за это, никто не пристыдит его. Себя он стыдиться не мог — перед собой ему было все равно, он еще не умел судить себя и вообще не очень верил, что это возможно, считал это лицемерием. Кроме того, он надеялся, что со временем из памяти уйдет это мальчишество, перед которым ему не удержаться, которое тянет его своею несложностью.

— Товарищ Келлерман, застегните штаны, — сказал он, точно скользнул с горы. Ему сразу стало легко и весело на душе. Он быстро прошел в прихожую, нащупал замок входной двери и открыл ее. Но тут ожидала его одна, впрочем, вовсе не такая уж неожиданная встреча: на площадке лестницы, хлопая лифтными дверцами, стоял Адольф.

Трудно было поверить, что это он. Широкие бедра его казались необъятными от клетчатых штанов, спадавших до толстых икр, в неподвижном лице по-прежнему не было ничего замечательного: светлые глаза, которые он с некоторых пор стал прятать за большими дымчатыми очками, плоский, большой рот были те же и как будто уже и не те. За четыре года он огрубел и отяжелел чрезвычайно. Он увидел Илью и даже вздрогнул от неожиданности — в детстве его долго лечили от чрезмерной впечатлительности, преимущественно гимнастикой и виноградом. Илья простодушно остановился.

Но прошло несколько мгновений, и он спохватился, что стоять тут незачем, да и дверь в квартиру Келлерманов оставалась открытой настежь. Он прошел по площадке уже обычным шагом, каким, например, ходил из сарая в дом и обратно, и стал спускаться по лестнице, будто спускался с чердака на кухню, к Марьянне. В ту же минуту Адольф повернулся ему вслед.

— Где ты... вы остановились? — спросил он с хрипотой, сохраняя, как ему казалось, все свое достоинство.

— Зачем вам?

— Скажите, не то пожалеете. Подождите, куда вы уходите? Оставьте адрес.

Он словно был в не свойственной для него тревоге, и Илья остановился. Он посмотрел вниз, куда сбегали широкие, лаковые перила.

— Улица Ганнерон, 14, — сказал он. Почему, собственно, было ему не сказать своего адреса?

По всему было видно, что Адольф ждал такого ответа. В противном случае, зачем было ему так беспокоиться?

— В отеле Сельтик! — воскликнул он, перегнувшись через перила и словно боясь, что Илья может не услышать (Илья в это время спустился до нижней площадки). — У меня там знакомая одна живет, девочка. Впрочем, ей уже под тридцать, девочке этой; теперь все девочки.

Не слишком ли это было много? Внизу тяжело забилась входная дверь громоздкими стеклами и чугунными решетками, и Адольф, как ни в чем не бывало, вошел в квартиру.

ГЛАВА ПЯТАЯ

Илья был голоден. Лиловый воздух, тяжелый от влаги и городских испарений, то шел ветром навстречу, то ложился на плечи всей неподвижной сыростью, собранной с каменных улиц. Был первый час. В этих богатых местах ресторанов не было, да если бы они и были — Илья не отважился бы зайти. Он не очень знал, где именно предстоит ему завтракать. Самое лучшее было вернуться к площади Клиши и там, где-нибудь в стороне дома, недорого закусить. Он так и сделал.

Все, наконец, окончательно высветилось перед ним. Он не лгал Шайбину ни одним словом: он и вправду не надеялся, что Келлерман откажется от Васи. Илья рад был, что не дошло у них даже до переговоров об этом: они не спорили, не требовали друг у друга уступок во имя отцовских чувств Степана Васильевича. О Васе, как о сыне, на которого отец имеет некоторые права, и вообще-то не было сказано ни одного слова. Сам Келлерман перевел разговор в плоскость иную, политическую. И это было хорошо.

Не для упорядочения семейных дел своих покинул Илья Горбатов провансальскую ферму. Давно уже писали ему, что в Париже идет правильная работа среди людей, ждущих земли, — работа осторожная, работа скрытная, — и давно уже стало Илье понятно, что Адольф и отец его связаны с этой работой, что уловление Васи есть как бы некоторое победное начало их деятельности; но доказательства не проникали в далекий департамент Воклюз.

Было нечто, во что Илья верил: это была Васина автоматическая честность. За полчаса до отъезда Ильи в Париж Вася успел отдать ему чек и сказать то самое, но бессвязно и поспешно, что передал Келлерману Илья. Оставалось бежать домой, заверить Васю в системе. Быть средством для темных целей Келлермана — нет, этого Вася не мог. Так думал Илья. Между тем он вошел в ресторан.

Ему очистили место в углу, у окна, где в щель грязной занавески он мог видеть тротуар и узкую полосу улицы. Возле

62

него, в чаду близкой кухни, сосредоточенно завтракали девушка и рабочий, время от времени водя по тарелке куском хлебного мякиша.

Для них это были будни; для Ильи — странный, безрадостный праздник. Он был в городе и немного хмелел от шума и недостатка воздуха. Какое было сегодня небо? Он еще не видел его. Погода была влажная, ветреная, таких дней осенью, в особенности в октябре, бывает слишком много. Илья их не знал.

Он спросил картофель в уксусе, бифштекс, но насквозь прожаренный: деревенским людям трудно есть кровавое мясо. Съев бифштекс, он потребовал еще один — соседи посмотрели на него дружелюбно и почтительно. Потом ему подали сыр и сладкое. Вином он угостил своих соседей.

Ему предстояло побывать еще в двух местах, но он решил отложить оба дела на завтра. Завтра было воскресенье — он успеет и туда, и сюда и застанет, кого надо. Сейчас ему сильно хотелось спать, две ночи он спал непростительно мало, последнюю ночь в вагоне ему мешал Шайбин. О Шайбине Илья не знал, что думать, и, однако, чувствовал, что самое трудное уже позади.

Придя к себе, он раскрыл чемодан — сверху лежала записка Марьянны: «Ильюша! Привези мне в подарок лиловое мыло, каким моются в Париже». Он разбросал во все стороны сорочку, бритву, мыло, платки, щетку; снял пиджак и башмаки и повалился на постель. И тогда только, над крышей дома напротив, он увидел край неба: это был край неподвижного, дымного облака. Илья тотчас же заснул.

Он не шелохнулся не то два часа, не то три. В комнате серело, смеркалось, свет истаивал за окном. Илья лежал на спине, полуоткрыв рот, разбросав руки, на противоположном конце кровати торчали его ноги в серых, полосатых носках… Женщина, вошедшая без стука и присевшая у стола, долго смотрела на них, потом пошарила в карманах его куртки, нашла спички и закурила.

Она сидела долго. Вода стонала в трубах; темнело; улица то затихала, то, сотрясая дом, мчался по ней грузовик. Женщина видела себя в зеркале шкафа, и это развлекало ее. На ней было то же темное платье и коричневые туфли, что и утром. Она успела сосчитать ряды тусклых цветов на обоях и вновь прочесть записку Марьянны. Она сидела и курила, но ни за что на свете не разбудила бы Илью.

Прежде всего — у нее не было никакого определенного дела, и она могла свободно просидеть таким образом до вечера. Вечерами, вернее ночами, она была занята: она выступала в увеселительном заведении, которое называлось «Aux horomes des boyards». Она вместе с партнером Лешей танцевала сицилианское танго, в черном платье, закрытом до подбородка спереди и с голой спиной. Леша вывихивал ей мизинцы от презрения к ней — в этом заключались все их отношения. Лешу увозили американцы или немцы (а с виду кто бы мог подумать) в тайные притоны или уводили в ближайший отель. И Леша богател: говорили, что он копит, что хочет вывезти мать из Жиздры в Париж.

Нюша танцевала свое сицилианское танго. Если бы она попробовала, она могла бы танцевать что-нибудь другое или даже петь. Потом она снимала черное платье, надевала другое, с рукавами, и продавала куклы; она носила их между столиками в большой плоской корзине, у них были длинные слабые руки, парчовые платья, лица, раскрашенные господином Расторопенкой в его мастерской (говорили, впрочем, что он прогорает). Над Нюшей смеялись в «Aux horomes des boyards» и в других местах: в «Тройке», в «Каво», в «Усадебке». Когда она приходила ужинать в «Занзибар», ей говорили, что она роняет себя, что скоро ее перестанут считать артисткой. Удивлялись ей и по другому поводу: она никогда ни к кому не подсаживалась, она отбывала службу.

В «Занзибар» она приходила к двум, когда увеселительное заведение закрывалось. Здесь поджидала она из самых различных мест Берту, Наташу и Меричку — Наташу, ту прямо с улицы: дела ее в последнее время были из рук вон. Здесь они ужинали. Здесь рыжий Анри летал для них от салата к горчице, с грохотом бросал чашку на блюдце и, вихляя локтем, наливал кофе рыжей струйкой, другой рукой поднося зажигалку к чьим-то потухающим папиросам. Здесь Нюша проводила час, другой, прежде чем отправиться в отель Сельтик. И здесь часто душа ее бывала непокойна: шли недели, приходили письма из Африки, приходили письма из Прованса, Адольф Келлерман писал ей записки. Жизнь текла.

Нюша сидела в густом дыму: дым трех папирос стоял в воздухе. За окном было черно. Она, не зажигая света, подошла к кровати и наклонилась над Ильёй. И тогда только он открыл глаза.

— Здравствуйте, Илья, — сказала она, потерявшись.

Он взял ее за руки, подвинулся, заставил ее сесть, а потом и лечь рядом с ним.

— Вы давно ждете? — спросил он, глядя ей в лицо, темнеющее перед ним на белой подушке.

— Да.

— Что же вы не разбудили меня?

Не зная, что сказать, она закрыла глаза, и он нежно, безмолвно провел рукой по ее плечу и бедру. Она сделала усилие и не шевельнулась. Он потрогал ее волосы, гладкие у лба, собранные у затылка; оба не могли заговорить. В недушном, слабом объятии пролежали они долгое время, от дыхания лицам их стало тепло.

Нюша сказала:

— Я поцелую вас, Илья, я так рада вам.

Она потянулась к нему, поцеловала его в лоб, в глаза, он поцеловал ее руку. Она смотрела на него сияющим взглядом, она видела в сумерках его широкое лицо, оно казалось ей сделанным из камня, только глаза Ильи блестели светло и живо.

— Хотите послезавтра уехать со мной? — спросил Илья.

— Вашей женой? Вашей любовницей?

— Нет.

— Не могу, — сказала она, прижимаясь лицом к его широкой груди, — не могу вам лгать: у меня нет сил на это.

Он смотрел поверх нее, на раскиданные вещи, которые, вот подите же, оказались с ним в этом Париже! Он смотрел не мигая, пока не устали глаза.

65

— Не зажечь ли? — спросил он.

— Не надо.

Ему казалось, что она пахнет абрикосами. Она лежала, слабо согнув колени, будто грея руки у самого его сердца.

— Почему с вами так хорошо молчать, Илья? — сказала она, вовсе не ожидая от него ответа. — Вы вообще сплошное «почему» для меня, — улыбнулась она тому, как это у нее вышло. — Почему вы не любите меня? Почему вы никого не любите? Не отвечайте мне, я больше всего вас люблю, когда вы молчите.

Она осторожно отвела голову от его груди и стала смотреть ему в лицо. Медленно протянула она руку и обняла его за шею.

— Куда вы зовете меня? Куда вы без вас зовете меня, друг милый? — сказала она с нежностью, и в миг слезы застлали ей глаза. — Неужели вы думаете, что я могу жить подле вас и не мучиться? Неужели вы думаете, что я могу сама по себе жить и не пропасть? Кто это может сам по себе жить и не пропасть? Из нас — никто.

— Из вас?

— Из нас, последних. И если кто захочет не пропасть, Илья (а ведь бывает так, что не захочет), — тот сейчас руку ищет… Дайте мне вашу руку.

Илья сжал ее слабую, чуть влажную руку.

— Вы не черствый, вы не холодный, почему же вы не любите меня? На минутку одну загляните в меня: вот, я хочу спастись, любовью спастись хочу, вас нашла. А вы… Сколько вам лет?

— Двадцать пять.

— Да. Это мало. Потому-то я так и откровенна с вами. Мне нравится, что вы ни с кем меня сравнить не можете, мне от этого гордо как-то перед собой, от этого иллюзия, что я ваша единственная, а на самом-то деле — я никакая не ваша. Вам не смешно, что мы с вами в темноте лежим? Что я вас обнимаю? Вы, кажется, хотели зажечь свет?

— Нет, оставьте.

— Как удивились бы ваши, если бы я приехала. Ваша мачеха не впустила бы меня.

— Она меня спрашивала, ждать ли вас.

Нюша отстранилась слегка.

— Вы говорите неправду.

— Я говорю правду. Она думала, что я привезу вас.

— Она не ненавидит меня? Она не… Простите меня, Илья, я думала, она считает меня во всем виноватой.

— Вы не виноваты, что Шайбин вас любит.

Нюша откинулась, выпустила шею Ильи и закрылась рукой. Ее кружевной рукавчик забелел в темноте.

— Как вы это сказали! — с мукой воскликнула она. — Я во всем, во всем виновата. Три его года в Африке, смерть сестры моей — все у меня на совести. И еще другое, многое другое. Да зачем вам знать? Вы ведь и без того жалеете меня.

Она опять взглянула на него и увидела его слегка разомкнутые губы.

— Вам отсюда уехать надо, — прошептал Илья, поймав ее взгляд.

Она усмехнулась с горечью.

— Куда? Там у вас, верно, и парикмахера-то нет: кто меня стричь будет?

Она вся заметалась на широкой постели, закинув обе руки за голову.

— Мне ни ехать, ни оставаться, поняли? — сказала она с внезапною черствостью в голосе. — Мне жить невозможно. Хочу жить, спастись хочу, а выходит — деваться мне некуда.

Илья порывисто одной рукой сжал обе ее руки.

— Не смейте, молчите! Не смейте говорить так! — сказал он с силой, наклонившись над ней. — Если вы еще раз посмеете сказать это! Да вы понимаете ли, что говорите? Слушайте меня: вы уедете отсюда; пройдет какое-то время, может быть очень короткое, и жизнь ваша изменится. Вы судьбы своей боитесь, вы знаете, что такое судьба? Все кругом судьбы своей боятся, но перестанут, перестанут! Верьте мне — вы же верили мне во всем, или я ошибался? Все изменится, все пройдет… Вы не знаете, сколько еще… Только помощи не ищите. Не люди вас спасут — вы сами спасетесь, если только по настоящему пожелаете этого, и еще через вас, может быть, оживет кто-нибудь. Милая, бедная моя, как я хочу, чтобы вы поверили мне!

Она беспомощно молчала.

— Значит, мне верить вам? — прошептала она, раскрыв глаза и глядя в пространство. — Но почему, почему? Неужели вы все знаете? Надежду мою вы отняли — ведь я, представьте себе, до сегодняшнего дня надеялась, все мы надеемся, ничего-то как следует по письмам понять не умеем; любви вы мне не даете, — она опять приблизила свое лицо к его лицу. — И теперь вы хотите, чтобы я верила вам.

Она медленно наклонилась и, давая ему время сделать самое ничтожное, самое незаметное движение, которое она не могла не почувствовать, нежно и целомудренно поцеловала его в губы. Он закрыл глаза.

— Никогда ни с кем? — спросила она тихо.

— Никогда.

— Но как же это возможно?

— Нюша, милая, о чем вы спрашиваете? Разве я знаю? Так просто — не пришлось, по-настоящему — жажды не было. Разве я могу знать? Может быть, я урод, калека, не знаю. Простите меня.

Она скользнула с постели, зажгла свет и невольно подошла к зеркалу. С тревогой и стыдом заглянула она себе в глаза.

— Что же вы ответили вашей мачехе, когда она спросила обо мне? — проговорила она, не глядя в сторону кровати.

— Я сказал, что вы не приедете.

— Зачем же вы сейчас звали меня?

— Я мог ошибаться, но, как видите, я не ошибся.

— Вы опять не ошиблись?.. Так вы говорите, что я спасусь?

— Непременно спасетесь.

— Господи, дай, чтобы он не ошибся и на этот раз, и помилуй меня! — сказала Нюша и перекрестилась с поклоном.

Илья оставался лежать; он потерся лицом о подушку, подушка пахла абрикосами.

— Что вы со мной вечером делать будете? — спросила Нюша.

— Мы пообедаем вместе, — сказал он, — и потом пойдем гулять... в какой-нибудь сад.

— Сады закрывают, да и погода не та.

Она подошла к нему; в наволочке, грубой и плотной, торчал кончик пера, каким обыкновенно бывают набиты подушки. Она ухватила его; Илья не двигаясь следил за ее пальцами.

— С вами случалось в детстве, в постели (у меня была с решеткой по обе стороны), нащупывать вот такие остренькие хвостики; с волнением вытягиваешь, и вдруг, неожиданно — чудное, красивое перышко, невесть откуда, из старого матраца, выходит на Божий свет. Случалось?

Она потянула, и действительно из подушки вышло гладкое, серое перо.

— Вот точно такое бывало, — сказала Нюша и улыбнулась. Улыбнулся и Илья. — Ну, а теперь я пойду оденусь, будьте готовы. Пойдем обедать.

И она вышла. Часы внизу пробили семь. Илья услышал над собой Нюшины шаги, потом все стихло. И тогда на него нахлынули разом все те мысли, все те чувства, что жили в нем полубессознательно последние часы. Он закрыл глаза. Веки его были горячи. Он взял перо, которое Нюша бросила, и провел им по глазам. И словно кто-то шелковистыми ресницами коснулся его век. «Мама», — вслух сказал он. И все было кончено. Он вскочил, надел башмаки, пригладил волосы.

Этот вечер 22 сентября перешел сам собою в сон для памяти Ильи. От него осталось немногое: печальные глаза Нюши, сидевшей насупротив него в шумном маленьком ресторане, и молчаливый их ужин. Холод улиц, блеск огней; женская рука в его руке (он никогда не носил перчаток) и, наконец, фокусник. Были ли они в цирке или в ярмарочном балагане — он так и не понял. Фокусник творил свои чудеса в трех шагах от Ильи — он сошел прямо в публику. Этот фокусник потом, ночью, приходил к нему, продолжая претворять воду в вино.

— Сам Господь наш Иисус Христос не сумел бы сделать лучше, — приговаривал он.

Но ночью это был уже настоящий сон, такой, каким они с Васей обычно спали: глубокий, неподвижный, неслышный. В балагане же был еще япончик.

Ему было лет шесть, на нем были розовые штаны, которые постепенно намокали спереди, пока япончик выделывал сложные акробатические упражнения. Кончилось тем, что япончика унесли: под трапецией была лужа.

Нюша смеялась и немного плакала. Взявшись под руки, они вернулись домой, было одиннадцать часов: пора было Нюше идти в заведение, танцевать свое сицилианское танго.

Пусть этот грустный вечер с Нюшей перейдет для Ильи в сон! Пусть сейчас в трудовом Провансе, где земля так любит человеческую руку, он уже не помнит: плакала или смялась Нюша, когда отходила от двери его, номер тридцать четыре; пусть и через пятьдесят лет, когда все, что было в нашей туманной молодости, станет вдруг опять ясным таинственной человеческой памяти, пусть и тогда не вспомнит Илья этих холодных вечерних часов! Но пусть и сейчас, и через пятьдесят лет (он, вероятно, будет жить очень долго) он не забудет то свежее воскресное утро и встречи — вольные и невольные — в одном из углов города Парижа. Да и нельзя, невозможно их забыть! Кто раз был там, кто раз видел их, тот в сердце своем навсегда сохранит, пусть тайно, воспоминание, которому равного на свете нет по обиде и боли. И в зрелые годы борьбы и сознаний пусть пройдет перед Ильей Горбатовым, пронижет его острием своим мысль о том сентябрьском утре; и в старости, когда подойдут воспоминания другие, воспоминания сложно и страстно прожитой жизни, и захотят замутить мечту о той горькой прогулке, — да не замутят они ее! Да будут внуки у вас, Илья, чтобы рассказать им, чтобы сердцам их передать эту явь. Созовите правнуков ваших, пусть слушают сказку, страшнее сказки о Синей Бороде, страшнее всех бывших на земле сказок, которую, может быть, по возрасту их еще и не следует им рассказывать. А когда вам начнет сниться могила и вам захочется, по старческой беспомощности вашей, найти тех, что тоже в прогулках своих забредали в эти темные места, слово «Париж» станет для вас, уцелевших с обветшалым

70

сердцем, паролем… Пусть все останется в вашем сердце: и каждое слово умирающего Пашки, и мать господина Расторопенки, и тот Петр Иванович, что стоял ближе к двери… Тот, кто сам не видал, — не поверит вашему рассказу, Илья, и даже сама Вера Кирилловна, сейчас закинутая в чужие страны, даже сама она не поверит вам. Сказкой прозвучит это на весь мир.

То утро было свежо и пасмурно; разорванные облака делали высоту утомительно пестрой; люди мелькали, кружились автомобили; ветер с Ла-Манша налетал порывами, завивал ветви нищавших платанов; бульвары роскошной кривой уходили в сизое пространство.

Часов в девять Илья вышел и пешком отправился через город туда, где жили «наши». Ему не хватало движения: камень тротуаров никак не мог досыта утомить его прочные ноги.

«Наши» живут, как и подобает им, в самых разнообразных местах Парижа (не говоря уже о пригородах); те, к которым пошел Илья, селились не столь далеко от лучших мест столицы: военной школы, Марсова поля. Впрочем, от Марсова поля было и вовсе не так близко: полчаса, а то и больше ходу. Здесь, несколько неожиданно, начинались в полном смысле слова трущобы.

Сначала шли улицы по большей части торговые — торговля шла почти исключительно снедью и башмаками. Лотки ломились от яблок, войлочные туфли были вынесены из помещений чуть ли не до самой мостовой. В праздничные дни здесь торговали бойчее, чем в будни: шалый народ бродил прямо по мостовой, не зная, как убить время. Потом шли улицы значительно тише, мощенные булыжником, с двухэтажными, облупленными домами, деревянными воротами и торчащим подле них краном. За этими, уже достаточно невместными для Парижа улицами начинались тихие, безлюдные тупики.

Сюда не доносилось жужжание и рев моторов; здесь была нищета — и облака над нею. На окнах, видимо давно немытых, не было занавесок, но разглядеть что-либо в них было невозможно: да оно и лучше — чего, в самом деле, смотреть друг на друга? Сукотная кошка перебежала от одних ворот к другим. Илья остановился, взглянул на номер дома. На мостовой стояла ручная тележка с наваленными на нее дырявыми соломенными стульями.

Да, это и был нужный ему дом. Из-под ворот был ход в трактир «Город Киев», и у захватанной, узкой двери стояло огромное цинковое ведро, полное мусора. Рядом с ним было свалено все то, что в него не поместилось: рыжая зола, букет вялых цветов, пустые консервные банки и различные иные предметы, разглядеть которые Илье не удалось. А над этой кучей, над смрадом гниющей гвоздики, склонялись худенькая девочка лет десяти и мальчик несколько моложе. Оба молча рылись в сомнительных предметах.

Девочка успела порезаться консервной банкой и терпеливо посасывала испачканный кровью палец; мальчик зорко наблюдал, как бы она чего не вытащила, что могло пригодиться и ему.

— Зачем вы здесь? — спросил Илья, и холодный пот выступил у него на лбу и на шее.

Девочка подняла на него робкие, голодные глаза. Она была причесана на две ровные косички, но одета дурно и грязно.

— Цветочки ищем, — сказала она лукаво и опять принялась за прерванное дело. Мальчик и не взглянул на Илью.

Да, это был нужный ему дом.

Черномазый повар «Города Киева» внезапно распахнул дверь — в тесной кухне, которую в тот миг увидел Илья, уже трудно было дышать от пригоревшего сала. Повар ожесточенно затряс сетку с салатом, и брызги полетели во все стороны.

— Пошли вон, комары! — крикнул он, и едва успели дети поднять головы, как целая пригоршня картофельной шелухи пролетела мимо них. Они тотчас кинулись к ней.

Илья пошел дальше.

Узкий двор, неровно вымощенный, отчего в нем застаивалась жидкая, блестевшая тут и там мокредь, с одной стороны замыкался длинным одноэтажным флигелем, с другой

72

— забором давней кирпичной кладки; прямо, в тесной глубине двора, было крытое отхожее место, и рядом с ним навес, под которым сидел человек, подстелив под себя газету, и чинил плетеное сиденье ветхого стула. Ему, по всей видимости, и принадлежала ручная тележка, оставленная на улице.

Но Илья не сразу подошел к нему. Он медленно пошел мимо окон флигеля. Люди здесь жили не только в первом этаже, но и в подвале, окна которого приходились вровень с землей и куда заглянувши можно было увидеть каменный с выбоинами пол и немногочисленную домашнюю рухлядь. Тут же, у одного из окон, у выбитого стекла, прижавшись носом к острым краям его, присев на корточки, застыл маленький световолосый мальчик. Он не мигая смотрел вниз, в окно, где в глубине пустой, низкой комнаты, в углу на тощем матрасике, прикрытый старой солдатской шинелью, лежал на спине, с широко открытыми глазами, такой же, как и он, мальчик лет семи.

Он лежал не двигаясь и тоже не сводил огромных, воспаленных глаз с окна. По всему видно было, что у него жар, и жар сильный: губы его были раскрыты, и оттуда, вместе с кратким хрипом, шел слабый пар; волосы его слиплись — лоб был в испарине!..

Мальчик, стоящий у окна, наконец осторожно вынул руку из кармана затрепанной куртки. В руке его блеснул сломанный перочинный ножик.

— Пашка, а Пашка! А у меня ножик есть, — сказал он, словно начинал игру, замирая от любопытства.

Пашка шевельнулся под шинелью, тоска исказила его худенькое лицо.

— Дай! — тихо выговорил он и еще больше расширил темные глаза. Мальчик у окна засмеялся.

— А помрешь ты — кто мне его отдаст? — спросил он жадно.

— Папа отдаст, — донесся слабый голос Пашки.

— Не отдаст. Лучше я с ним малость поиграю, а когда ты помрешь, я тебе его в гроб положу.

73

Тень надежды прошла в глазах Пашки, он попытался улыбнуться.

— Не врешь?

— Ей-бо!

— Не ври. Не то с того света приду пугать, слышишь?

Столько слов вконец истомили его. Несколько мгновений он метался под шинелью и затих.

— Кто это? — спросил Илья.

— Это Пашка, — ответил ему мальчик, не отводя от окна озабоченного взгляда.

И Илья пошел дальше.

В окне шили женщины; одна была еще молода и она не подняла головы, когда он остановился. Старуха с тревогой в глазах отложила работу.

— Где здесь найти Расторопенку? — крикнул Илья, чтоб они услышали его сквозь стекло.

— Дальше, дальше, — махнула рукой старуха.

Дальше была низкая дверь в сапожную мастерскую. Здесь же, спиною к сапожнику, сидел человек с медалью и ковырял разобранные стенные часы. Да полно, воскресенье ли нынче? Сапожнику было, по правде сказать, все равно. Он с каким-то лихим отчаянием бил по каблуку разношенного дамского, на гвоздях, ботинка.

— Нынче закрыто, — сказал человек с медалью.

— Нельзя ли узнать, где живет Расторопенко?

— Узнать можно, — опять сказал человек, — сейчас узнаете.

Он встал с табурета, положил часы и, с гирей в руке, пошел к дверям, показать Илье, как пройти в нужную ему квартиру. Но в это время сапожник внезапно перестал бить и сощурился на Илью.

— Если вы по делу о натирке полов, то они этим больше не занимаются, — сказал человек с медалью, дойдя до двери.

— Нет, я из провинции.

— Да вы не насчет путешествия нашего? — с робостью спросил вдруг сапожник, роняя гвозди изо рта.

Илья молча кивнул. Оба с минуту смотрели на него в смущенном удивлении.

— Вы приехали сами? — заговорили они беспорядочно и сразу. — Что же, скоро? А прогонные дадут?

Илья опять кивнул.

— Дадут. Мне бы видеть кого-нибудь из расторопенских. Не проведете ли?

— К Расторопенко проведем, отчего не провести, — засуетился сапожник. — Ну, как это я вас узнал, а? Нет, расскажите, пожалуйста, вот случай!

Человек с медалью был степеннее; он взял Илью за рукав и поспешно повел по двору.

— Из провинции! Эх, слово-то какое! Забыли слово-то, — бормотал он.

Чинивший стулья под навесом присоединился к ним. На крутой лестнице с железными перилами Илье показалось, что за ним уже набралось человек пять, не меньше.

— Пашка, а Пашка, а у меня ножик есть, — донеслось до него со двора.

Квартира господина Расторопенко состояла из одной, очень узкой, длинной и грязной комнаты, где не было другой мебели, кроме широкой, вконец продавленной тахты, стола и двух стульев, — мамаша господина Расторопенко спала на полу. Но тем не мене в комнату войти оказалось довольно трудно: поперек ее, на уровне человеческого лица, были протянуты проволоки, и на них с тщательностью педантическою и даже несколько преувеличенной были развешаны на проволочных крючках раскрашенные кукольные головы; их было штук семьдесят, и все они грустно улыбались. Кругом этих довольно-таки аляповато сделанных и в высшей степени мучительных предметов ничего нельзя было разглядеть. Золотой порошок летал по комнате, словно солнечные песчинки, пахло скипидаром. Расторопенко, как справедливо сказали Илье, боле не занимался натиркой полов: с супругой и матерью он временно начал новое и столь же малоприбыльное дело.

— Склонитесь низенько-низенько, чтобы, Боже упаси, не

задеть чего, — раздался голос мамаши Расторопенко, не видящей, кто именно вошел, но по всему догадавшейся, что вошло сразу несколько человек. Но жена Расторопенко, Марина Петровна, высокая, с высокой прической, несколько тяжелая и смуглая женщина, искусно нагибаясь, где надо, оказалась внезапно в двух шагах от Ильи.

— Я — Горбатов, — сказал он, снимая кепку.

Она покраснела густо, медленно, как краснеют люди смуглой кожи. Стремительно оглядела она Илью и вошедших с ним людей.

— Горбатов... Пройдите... Сядьте... — в замешательстве она раздвинула на проволоке кукольные головы, дала Илье пройти. Кое-кто вошел за ним; на лестнице, как ему показалось, поднимались еще люди.

Марина Петровна подождала, пока Илья сядет, она и сама села и оказалась посреди комнаты — но на этот раз не смутилась.

— Вот живем, видите, — вырвалось у нее несколько истерически, — двор видели? Дети есть... Лучше бы их не было!

Она с ним говорила, как с чужим, она чего-то стыдилась.

— Я зашел сказать, — проговорил Илья, — что в конце этой недели вы можете собираться. Завтра я еду домой, и вам тотчас же будут высланы путевые деньги. Дело это решенное, как я и писал, а зашел я предупредить, чтобы все были готовы.

И в эту минуту он поднял глаза и увидел этих всех: это были «наши», созванные из разных мест двора. В дверях стояла цслая толпа, человек не менее десяти.

Они раздались немного — господин Расторопенко протиснулся в комнату.

— Илья Степанович, дорогой, простите за волнение, — сказал он, неизвестно, извиняясь ли за свое волнение или за всеобщее, беспорядочное, но тихое волнение «наших».

Он поздоровался с Ильей. Они хорошо знали друг друга, хоть никогда до того не видались; но длительное дело переселения расторопенских на землю, которое в Сен-Дидье вел Илья, и постоянная переписка укрепили их несложные отношения. Они едва дали себе время рассмотреть друг друга.

— Вы слышали, что он сказал? — воскликнула Марина Петровна. — Едем мы, слышали?

Люди заколыхались. Мамаша собрала куклы — не дай бог, попортят! И за проволокой стали видны бледные (и отчего это, правда, всегда такие бледные?) лица.

— А с одежонкой как? — раздался чей-то голос.

— Одежду, если кто не имеет, там справите, не трудно это, — сказал Илья. — На первое время все дадут, даже топливо. Дело новое, и французы эти уж очень душевные.

— Благодаря вам, Илья Степанович, душевность их, — вставил Расторопенко, — разве мы не знаем?

— Благотворители, может, какие? — спросил еще голос.

— Нет, не благотворители: сейчас потратят, да потом свое возьмут: дело с будущим, я писал. Тоже и местные кассы сельскохозяйственного кредита на помощь вам приходят.

Задние начинали теснить передних.

— Пусть заводские не напирают, — говорила мамаша. — Заводские всегда всех перетолкают.

Были среди вошедших и женщины, те две, что шили у окна. Мужчины пришли все — точно сейчас с работы: никто не был одет, как говорится, по-праздничному. Половина, впрочем, уже давно никакой работы не имела.

— Вот что я спросить хотел: тут ведь среди вас кустари есть, так временно придется ремесла бросить. Временно потому, что потом, может через несколько лет, если все пойдет, как сейчас, там организуется русский поселок; сейчас идет горячая работа именно по собиранию — очень все распылены. Тогда русским кустарям найдется дело. А сейчас — всем придется на земле работать.

Сапожник, Петром Ивановичем его звали, стоял всех ближе к Илье.

— На это идем, — воскликнул он, — ни Боже мой ремесла не жалко! Да и случайно оно — у большинства с кочевья нашего пошло, не с измальства — с беды.

— Еще я сказать хотел: трудная работа предстоит. И

вообще, как вы, может быть, знаете, то, что вы из себя, из пролетариев, крестьян делаете — противоестественно это. Теперь наоборот — естественным считается процесс обратный: сейчас люди из деревни в город идут. Значит, в самом корне вашего переселения уже есть некоторая трудность, органическая как бы, — понимаете?

Люди неподвижно стояли перед ним; Расторопенко за раз обратился и к ним и к Илье.

— А мы, значит, обратным путем, противоположным, как бы Европе всей на удивление…

— В работе — жизнь; научены мы, не страшно, — сказал кто-то.

— Работа каторжная, я писал, — продолжал Илья. — Вы не сразу помещиками сделаетесь. Ваша работа будет вроде как бы переходная: жить будете, как крестьяне тамошние живут; птица, кролики будут: работать на спарже будете, там завод консервный. Инициативы никакой, пока не скопите: скопить можно в два-три года, — тогда будет хорошо, тогда к фермажу ближе. Только удовольствий и развлечений — никаких.

Марина Петровна, в возбуждении, с горящими глазами и лихорадкой в руках, прервала его:

— А здесь что за радости? А ну, скажите мне? Кинематограф да кровать, и то отрава одна — кинематограф… А кровать — к чему она, когда детей девать некуда, когда детей иметь нельзя: для русской женщины кровать без детей — не радость!

Она вся пылала, на глаза ее навернулись слезы: все потупились, Расторопенко делал ей знаки, которых она не видела и не хотела видеть.

— Там детям тяжело, — опять заговорил Илья, — школы нет, ученья нет настоящего. Вот переедете — мачеха моя хочет передвижную школу начать, а сейчас плохо — хоть коров паси.

Человек, бородатый и бледный, выступил из последних рядов. В комнате становилось трудно дышать от людей, постепенно ставших вокруг Ильи и господина Расторопенко.

— А тут, дорогой, что им, деткам нашим, предстоит, знаете? — спросил бородатый, и губы его дрожали. — Учить их тут не на что: каждая копейка алтыном прибита. Коров паси — эко сказали! Тут помирать им на улице, туберкулез тут. Помилуй Бог!

Расторопенко, волнуясь, заговорил:

— Сами вы знаете, Илья Степанович, и только по щепетильности душевной хотите нас обо всем предупредить: сами вы два месяца назад из этого вот самого дома одним своим письмом девчонку вывели.

Илья смутился.

— Она теперь ходит, — сказал он тихо.

— С ним?

— С ним.

— А он как?

— Плох. Недавно виделись.

Постепенно люди отходили от двери. Был здесь и повар «Города Киева», и человек, чинивший стулья и оказавшийся без ноги. Они вытягивали шеи по направлению к Илье, но Илья терялся: он решительно не знал, что им сказать, — уж очень не приучен был говорить да и столько писал он им обо всем!

— Вот мы о детях говорим. Главное дело на земле — семейственность. Если женщина в доме — иначе все идет, если старшой есть — все спорится лучше. Казаки в Пиренеях, слух идет, сильно страдают от отсутствия хозяек: у них инвалиды посуду моют, рубахи чинят, вместо женщин.

Кое-кто улыбнулся, Илья и сам был не прочь кончить шуткой. Но в это время кто-то шумно взбежал по лестнице.

— Мама! — крикнул за спинами стоящих детский голос, и такая тоска, такой страх были в этом крике, что люди у двери расступились. Илья увидел, между двумя рядами их, мальчика с перочинным ножом в руке, того самого, что стоял давеча у окна. Он был так бледен, что казалось, его сейчас начнет тошнить или он упадет в обморок. Мгновение стоял он на пороге и вдруг в судорогах, с долгим пронзительным воплем кинулся к Марине Петровне.

— Пашка помер! — закричал он и забился у нее в руках.

Все бросились во двор.

Марина Петровна брызнула сыну в лицо холодной воды,

мальчика сводило от рыданий, его уложили на тахту. Мамаша господина Расторопенко, крестясь, стала вновь развешивать куклы.

Илья встал. В общей суматохе его не удерживали, да и стоило ли прощаться — раньше, чем через неделю, он встретит всех на полях далекого Прованса. Правда, около четверти часа он еще проговорил с Расторопенко на лестнице. На имя Расторопенко должны были прийти прогонные. Да! Чуть не забыл: передайте всем, что они будут застрахованы на месте…

Во двор толпились любопытные; маленькая дверь в подвал была приоткрыта. Кто там убивался над трупом Пашки? Отец? Мать? Пока еще никто, пока суетились там чужие женщины. Матери и вообще-то не было, отец должен был прийти домой не раньше ночи.

Кое с кем Илья простился; Петр Иванович, сапожник, попросил у него папиросу. На ветру поймал он огонь спички в ладони Ильи. И вновь потянулся безлюдный тупик, улица, другая. Вновь загалдел, засновал народ, и вновь Илья пошел через весь город: пришло время описать нам посещение им некоего общественного деятеля.

Человек, которого решили мы иначе, как Деятелем, не называть, по той причине, что он живет и действует среди нас, жил в маленькой опрятной квартире возле парка у Монсо, обставленной еще до войны, в те времена, когда сам Деятель был выслан из России за революцию 1905 года. Был он холост, жил с сестрой, старше его лет на десять. У него были книги, была собака, и в этих стенах, где когда-то щурился Виктор Чернов, где нервно поправлял манжеты Савинков, Деятель чувствовал себя спокойно и ясно. Правда, в последнее время, особенно когда он смотрел в окно на решетку парка и на детские колясочки за нею, ему приходилось испытывать как бы некоторое беспокойство. Сам он не очень понимал, что именно с ним происходит. От себя скажем, что причин беспокойству его было три: масонство, желудок и расселение русских беженцев на французской земле.

Первые две причины мы оставим: желудок Деятеля был, конечно, не слишком хорош, и, однако, у многих в пятьдесят

80

лет желудок бывает значительно хуже. О масонстве тоже не место говорить, да оно нас и не касается. Скажем только, что в последнее время Деятель несколько отошел от него, как говорится «уснул». Окончательно, нет ли, неизвестно, и любопытствовать об этом — дело праздное.

Что касается расселения русских беженцев на французской земле, то этим он увлекся внезапно, увлекся всем своим добрейшим сердцем. Он ездил под Тулузу, comme un prostoi moujik походил по казачьим фермам, был летом в Провансе (вообще он Прованса терпеть не мог и всему предпочитал Швейцарию) и там попал к Илье. Илья внезапно научил его некой ревности: он стал ревновать русских хлеборобов к Канаде и Аргентине (куда тоже ехали некоторые «садиться на землю»); он свел знакомство с влиятельным членом парламента из левых, вернее, возобновил его и принял участие в деятельности Земельной Комиссии, создавшейся в Париже еще в 1926 году.

У него была внешность русского интеллигента, то есть человека смешанных кровей. Он был худ, бородка его была значительно светлее усов, а усы — светлее шевелюры, не обильной, но несколько встрепанной. В неправильных и даже просто уродливых пальцах жили живость и страсть необычайные. Он, не стесняясь собеседника и на виду у всех, мог ковырнуть в носу или в ухе, но надо сказать правду — любили его чрезвычайно. И верно: было в нем что-то донельзя приятное.

В бытность свою в Провансе он в несколько часов сошелся с Ильей благодаря пламенной и необычайно искренней беседе; он понял, что Илья оценил в нем и приятность его, никогда ему не изменявшую, и добрейшее сердце. Для него самого Илья оказывался неким «вещественным доказательством» его теории. О теории этой пока никто не знал, кроме престарелой сестры Деятеля: теория была плодом его, правда несколько праздного, воображения; Деятель хотел во что бы то ни стало дать этой теорией некоторый поэтический ответ на, как случалось ему выражаться, вопросы, поставленные семнадцатым годом. И вещественные доказательства были ему крайне необходимы.

Прощаясь с Ильей после первой их встречи и ощущая в сердце род влюбленности к нему, которая, впрочем, весьма часто охватывала его при расставании со знакомыми, он взял с Ильи слово, что при первой же поездке в Париж Илья навестит его. Илья и сам хорошо не знал, что пленяет его в этом высоком, костлявом человеке: он даже задал себе этот вопрос, звоня у дверей Деятеля, но никакого ответа найти не мог, кроме того, что всегда испытывает нежность к породе людей неповторимых — к каким справедливо причислял он и случайного провансальского дачника.

Для Деятеля не существовало ни московского мошенника Степана Васильевича, ни потерявшегося в подлунном мире Васи — он знал одного Илью, называл его по фамилии, не заботясь об его имени, представляя его себе как некоторую симпатичную ему самостоятельную единицу, отвлеченно и оптимистически. Он провел Илью в комнату, где стояла узкая, покрытая пикейным одеялом кровать, по стенам — полки с книгами, у окна — письменный стол. Огромный ньюфаундленд лежал перед жарким камином и в истоме бил хвостом о разогретый, темный паркет.

Илья искоса полюбовался им — уж очень тот был хорош; но сделал усилие и не протянул руки к его несравненной шерсти: Деятель мог принять такое движение за ребячество, а Илья имел основание этого бояться.

— Вы, может быть, забыли, кто я? — спросил он, переступая с ноги на ногу, пока Деятель снимал и надевал пенсне, восклицая приветствия.

— Я забыл вас, Горбатов? Да вы меня за какого-то рамоли принимаете, право! Садитесь. Вас при всем желании забыть нельзя, о вас говорит весь город.

— Обо мне?

— Не пугайтесь. Вы приехали как нельзя более вовремя, вы выступите на нашем диспуте. О вас говорят, будто вы у себя на юге нечто вроде народного героя стали, будто вы уже, в некотором роде, существо мифологическое…

Илья изо всей силы стиснул зубы и как-то даже скрипнул ими.

— Вас коробит? Но, боже мой, какое вы еще дитя! — продолжал Деятель, поместившись поперек дивана в чрезвычайно неудобной позе (он в меру любил неудобства). — О вас говорит весь русский Париж — и это необходимо использовать. Слух идет, что вы не только с безработными возитесь (между нами говоря, конкуренцию Земельной Комиссии делаете), вы, говорят, целый дом здесь в Париже с места снимаете, вы из Болгарии партию людей выудили! Вы прямо знаменитостью стали, с тех пор, как я вас не видел…

— Нет, все это, право, не совсем так…

— Ну, не сердитесь на меня, это все от вашей юности. Лучше дайте сегодня же интервью «Новым Мыслям» — я еду сейчас в редакцию, поедем вместе. На вас там посмотрят, как на живого героя Кнута Гамсуна, и обласкают уже за одно это.

— Нет, нет, прошу вас не водить со мною таких разговоров, — вскричал смутившись Илья. — Никаких диспутов, никаких интервью, газет я боюсь, с публикой вести себя не умею. Я пришел, если вы разрешите, дружески поговорить с вами, иначе я уйду, если вы будете продолжать меня пугать.

Он говорил совершенно искренне, и Деятель не мог этого не заметить.

— Дружески поговорить с вами, Горбатов, для меня одно удовольствие, но я, признаюсь, не понимаю: скромник вы или только капризник? Я выведу вас в нашем диспуте — нам чрезвычайно любопытно знать ваше отношение к денационализации, вопрос этот ужасно важный, прямо, можно сказать, вопрос важнейший. Вам, конечно, известно, что за последнее время количество людей, заключающих смешанные браки (а отсюда, имейте в виду, один шаг до принятия французского подданства), количество этих людей хотя и медленно, но неуклонно возрастает. И вот здесь, по нашим наблюдениям, происходит что-то загадочное: в городах процент натурализовавшихся русских гораздо выше, чем среди тех, что «сели на землю», хотя, казалось бы, связь с Россией у последних окончательно оборвана. Эти люди не только не переходят во французское подданство: даже заключая смешанные браки, они остаются русскими внутренне, понимаете? И получается, что среди тех, что «сидят на земле», смешанные браки не только не ведут к денационализации, но не ведут и к утрате русского начала в семьях, в то время как в городе…

— Откуда вы это взяли? — с забившимся сердцем спросил Илья.

— Это — результат обследования нашей комиссии; не правда ли, довольно неожиданный результат?

— Для меня не неожиданный, — ответил Илья, переводя дыхание, — я всегда так думал, но не умел сказать; таков и мой личный опыт.

Деятель с любопытством наблюдал за ним.

— Я ждал этих слов, признаюсь, — сказал он с лукавством, — еще вчера передавал мне ваши мысли по этому вопросу один мой друг и удивлялся вам.

— Но позвольте, вчера еще мне самому все это не было окончательно ясно, и я почти никому об этом не говорил!

— Почти! Поздравляю вас! И, однако, ваши мысли успели проникнуть в Марокко: мне о них говорил давний мой друг, Алексей Иванович Шайбин, только что вернувшийся из Африки.

Илье в это мгновение показалось, что он ослышался, что у него начинается слуховой бред. Дыхание остановилось у него в груди, сердце забилось тяжелыми, душными ударами. Было от чего! Шайбин ходит по городу и говорит о нем! Шайбин помнит о нем! Шайбин повторяет его слова!

— Надо сказать правду — друг мой человек весьма скептический, но вы можете гордиться: он на расстоянии проникся вашими идеалами. Он, правда, немного демодэ, но ведь и я, если пристально вглядеться, тоже слегка демодэ. — Ньюфаундленд пошевелил ушами и заворчал. — И вот оба эти самые демодэ теперь ждут от вас, человека нового, вашего нового слова. Если не хотите участвовать в диспуте — бог с вами! Но откройте мне хотя бы тайну вашего отношения к вопросу, который так нас всех сейчас интересует.

Опять — клубы дыма, высоко вскинутая нога в вытянутой

коленом штанине. Пора было Илье заговорить; он едва мог собраться с мыслями.

— Вы знаете, что я совсем не умею говорить, как вы, — начал он, припомнив Келлермана, который так ловко умел думать за раз о сотне вещей. — Я вам просто скажу, что мне в последние дни пришло в голову. Простите, я объясню: в последние дни выяснилось, что моя сестра Марьянна, ей шестнадцать лет исполнилось, впрочем, это совсем не важно, выходит замуж за сына хозяина «Конского Рая», то есть мясной конской, это такое название, и он, конечно, француз.

— «Конский Рай» — это конская мясная? — ужаснулся Деятель.

— Да, «Aux Paradis des Cheveaux»… Так, видя все это, я стал думать и пришел к заключению — только это звучит немножко смешно и даже как-то совсем «не научно», вы не удивляйтесь, — что единственный случай, когда смешанный брак не ведет к денационализации русских, это смешанный брак людей, севших на землю. Соединяются люди разной культуры, разной веры, разного языка вне условных рамок современного европейского города, с его силой подчинения себе всякой культуры, всякой веры, всякого языка. Это оставляет людей в национальном отношении свободными. И придя к такому заключению, мне оставалось только сказать: если это так и если смешанные браки неизбежность для слишком многих из нас за границей, то нужно как можно большему количеству людей сесть на землю. Вот видите, как это просто и кратко.

— Нет, Горбатов, вы, кажется, открыли свою маленькую Америку, — медленно и неуверенно сказал Деятель. — И пусть это просто и кратко — это убедительно. Но подождите, почему же это все-таки именно так? Какое же этому объяснение?

— Ох, с объяснениями труднее всего, — улыбнулся вдруг Илья и, наконец, потянулся к ньюфаундленду. — Ведь мы говорим исключительно о нас, русских, и, значит, объяснение надо искать в самой нашей русской породе. Здесь, вероятно, играет роль то, что земля — самая близкая нам стихия, что мы на земле всегда «у себя». Да, русским одно спасение от денационализации — это земля.

— Да, да, почти это самое и передавал мне Шайбин вчера, — воскликнул Деятель, кивнув головой. — Он сказал мне: если мы не пойдем за этим субъектом (это он вас назвал субъектом), мы, кажется, погибнем. Заметьте, что он сказал «кажется», он любит вообще это слово.

— Он сказал вам это? — переспросил Илья, все не веря.

— Да, Горбатов, и это знаменательно. Я спросил его: а как же ваши белые ручки, Алеша? Это рассердило его… Но довольно о нем.

Илья был в таком волнении, что начал бояться, как бы не упустить самого себя, свои слова, движения. Нет, положительно Шайбин сошел с ума!

Некоторое время Деятель размышлял, опять изогнувшись на диване.

— Значит, для вас вопрос «иностранной опасности», — заговорил он снова, — исчерпывается вопросом о «сидении на земле»? Значит, по-вашему, надо «садиться на землю» не только ради интересов, так сказать, карманных, но и для того чтобы русским сохранить себя русскими?

— Да.

— Позвольте, но тут еще одна деталь: если все «сядут», то кто же вернется в Россию? Ведь вы, конечно, из тех, которые думают, что мы вернемся?

Деятель вздернул плечами, сощурился.

Илья опять улыбнулся.

— Да, конечно, из тех… Но вы ошибаетесь: все вернутся, только с этим и едут садиться. Неужели вы по-своему, по-кабинетному, думаете, что раз кто куда сел, тот там и останется? И почему столяр, открывший мастерскую и нашедший работе своей сбыт, или подмастерье его — вернутся, по-вашему, обязательно, а те, что на земле, — не захотят?

— Суровый вы человек, Горбатов, и просто прелесть, как это все в вас умещается! Если не хотите выступить на нашем диспуте, то хоть помогите нам, примите участие в выработке тезисов, ну что вам стоит?

— Я завтра уезжаю.

— Завтра! Нет, это невозможно.

— Не могу иначе: у меня семейное дело, то есть не очень семейное, а может быть, и совсем не семейное… Мой брат в Россию возвращается, и мне надо попытаться его удержать.

— Так вы думаете, что это дело общественное?

— Не смейтесь надо мною и поверьте мне — это почти так, — сказал Илья, поймав под усами Деятеля улыбку. — Он нечто вроде приманки… Им занята целая организация, уловляющая людей, возвращающая людей отсюда в Россию.

— Вам это доподлинно известно? — спросил Деятель с живостью.

— Да, но только со вчерашнего утра.

— От кого? Не от Расторопенко?

Илья насторожился.

— Нет, Расторопенко мне ничего не говорил, я виделся с ним сегодня утром; правда, мы и вообще-то с ним мало говорили, я был у него при таких странных обстоятельствах…

— Вам, однако, известно, что он приходит ко мне?

— Я об этом догадывался: он мог познакомиться с вами в Земельной Комиссии, и кроме того, это единственный человек в Париже, кто знает про мое участие в деле болгарской партии переселенцев.

— Так Расторопенко вам ничего не говорил? — спросил Деятель, видимо не желая прервать любопытного разговора.

— Нет. А ему известно что-нибудь?

— Ему пришлось иметь дело с одним человеком. О, тот случай обошелся ему не дорого! Представьте, месяца три назад Расторопенко подобрал в какой-то трущобе русскую девочку, сироту. Он обогрел ее, накормил, но у них самих ничего нет, и им пришлось отдать ее куда-то на юг, не могу вам точно сказать, куда именно, только знаю, что девочку они спасли. Представьте, через некоторое время является к ним молодая женщина весьма недвусмысленного вида, говорит, что приходится девочке теткой, и требует племянницу себе. Он и так и эдак — девочке лет двенадцать, через года два тетка ее на улицу выпустит, знаем мы этих теток! С большим трудом и

87

скандалами уговорили ее оставить девочку на юге. Но женщина не отставала, приходила к ним, говорила, что скоро в Россию уедет и девочку с собой возьмет. Одним словом, Расторопенко ее прогнал. Говорят у нее связь с одной организацией, и она на жаловании.

— Насколько мне известно, — сказал Илья, крепко сжав ручки кресла, — во главе организации стоит человек, приехавший сюда с неделю назад.

— Вы думаете?

— Да, я не только думаю, я вчера был у него.

Деятель привскочил на диванных пружинах.

— Как, вы и тут поспели! — закричал он так, что ньюфаундленд на этот раз вздрогнул и уши его поднялись. За вами не угонишься и вас ничем не удивишь, а сами вы полны каких-то сенсаций, которые приберегаете для одного себя. Что же сказал вам этот приехавший, кто он такой?

Нет, о Келлермане Илья упрямо решил ничего не открывать: это пришло ему в голову в то мгновение, когда он сжал ручки кресла, или еще немного ранее — он уже не мог припомнить, когда именно.

— Я еще раз удивлю вас, — сказал он, сдерживаясь. — Я знаю женщину, которая ходила к Расторопенко. Но я ничего не могу вам сказать о приехавшем из Москвы человеке.

Он сказал это и смолк, и ни подвижные руки Деятеля, ни ньюфаундленд уже не могли рассеять его на этот раз. Последними словами он словно оттолкнул от себя все, что было вокруг него, всю эту комфортабельную, немного скопчестую комнату, с камином, кроватью, книгами, вероятно, превосходными книгами, стоявшими на страже вокруг Деятеля, оцепившими его со всеми его мыслями и словами.

Он сам отодвинулся куда-то далеко. В мыслях Ильи внезапно вовсе не нашлось ему места.

— Покорюсь! — воскликнул Деятель с коротким смехом. — Но чем больше смотрю на вас, тем более утверждаюсь в прежнем своем мнении: хотите вы того или нет, вы герой ненаписанного романа, который непременно будет когда-нибудь написан. Вы в одной из будущих книг займете почетное место «положительного героя», но это случится не скоро, это будет, когда все уляжется. Но, постойте, когда же, наконец, все уляжется?..

— Ужасно полюбились вы мне прошлым летом, — сказал Илья смущенно, — и я так рад, что опять увидел вас. Но только ошибаетесь вы, не герой я романа, и книгу обо мне никто не напишет. Я слишком мало рассуждаю для героя и слишком просто, даже примитивно действую. Вот Шайбин, ваш друг, тот, наверное, герой, потому что связан с постоянной, непреходящей Россией, а я как бы это выразиться лучше? — связан с Россией временной, и я поэтому случайный человек для нее. Меня создала катастрофическая необходимость, если будет много таких, как я, — мы что-то сделаем; но мы не органичны для России, мы на корабле кладем и убираем сходни — плавают другие. Сестра моя и брат плавают, плаваете вы, Шайбин, ваш друг, тоже, и его-то плавание и есть самое важное в наше время. И еще плавают те, что поедут в конце этой недели к нам, туда, и плавает, ох, как плавает эта женщина, про которую вы сейчас рассказывали. А мы только ставим и убираем сходни.

— Но вами сейчас что-то движется, вы материально и морально оберегаете кого-то от погибели. Да, вы конкретно кого-то за уши вытаскиваете из болота, такие, как вы, — это, может быть, лучшие наши люди. Какие там сходни! Все это совершенно неверно. Вы капитан, к вам, если бы вы только захотели, стали бы прислушиваться наши теоретики. Я сам…

— Ничего этого быть не может, — вставая, сказал Илья, — потому что не живу я, как герои романов, потому что нет во мне честолюбия, нет ни капли этого, во многих случаях священного, чувства, а без него не бывает капитана. Есть на свете мачеха моя — расскажу вам когда-нибудь о ней, — она тоже не годится в героини романа, она тоже ставит и убирает сходни, когда нужно… Кстати, она хочет начать на юге передвижную школу.

Деятель тоже встал. Видно было по всему, что он не прочь, чтобы Илья оставался у него для подобных разговоров сутки, а то и двое.

— Почему вы спешите ехать?

— Мне надо навоз возить.

С минуту оба молчали.

— Скажите мне, пожалуйста, Горбатов, — сказал вдруг Деятель, — что это за юродивый у вас там ходит? Мне рассказывали знакомые, он и к ним заходил в Д. Ходит, говорят, старик, чуть ли не слепой, песни сочиняет, поет их. В чем дело?

Лицо Ильи стало почти жестким.

— Не знаю, не слыхал, — сказал он. — Юродивых не видал. Вряд ли вам верно передали.

— Странно, что вы не знаете; у нас тут один молодой литератор даже ехать хотел, записывать эти песни. Сознайтесь, довольно курьезное творчество, а? Народное творчество в двух тысячах километров от России, правда?

Илья промолчал. Время было ему идти. Пора было и Деятелю, оставшись наедине, записать кое-что в записную книжку из этого разговора. Там мелким, болезненным почерком была уже начата страница: «К диспуту о судьбах эмиграции» — значилось на ней.

ГЛАВА ШЕСТАЯ

Алексей Иванович Шайбин появился в гостинице в воскресенье, часов в восемь вечера. Никто не спросил его, где он провел ночь. Вид он имел несвежий, постаревший — при взгляде на него становилось ясно: у человека на исходе последние деньги. И ошибки в этом не было.

Он прошел к себе в номер, где постель со вчерашнего дня стояла нетронутая, где все имело весьма нежилой вид, и раскурил трубку. По всему видно было, что он сильно замучился за эти сутки и, однако, был спокоен, даже слегка важен, так что со стороны, и особенно благодаря его крайней небритости, могло показаться: вот сидит господин лет сорока пяти, а может быть, и больше, и размышляет о вещах непустяшных, но в то же время и не слишком возвышенных.

Лампочка горела под потолком, дождь тихо стекал по стеклам, плакала улица. В этот вечерний час (Илья постучал к Алексею Ивановичу часу в десятом) все и решилось для Шайбина. В этом обстоятельстве он впоследствии признавался Вере Кирилловне, хотя, конечно, решение, принятое им в ту пору и ставшее поворотом нашей повести, подготовлялось им несколько ранее, а сознательно было уяснено (со всеми последствиями) тремя днями позже.

Оно подготовлялось — и теперь невозможно это скрыть — в самой Африке, когда имя Ильи Горбатова звучало для Алексея Ивановича мучительнейшей загадкой, когда письма Веры Кирилловны, открывая ему впервые трудности горбатовского пути, готовили его к жизни суровой и ответственной. Оно подготовлялось и в две последние ночи — первую в вагоне (наиболее бессознательно) и вторую в маленьком, чистом и тихом публичном доме, куда в полной трезвости отправился он накануне вечером (прямо из квартиры политического своего друга), где выпил много дешевого и крепкого вина и где пролежал несколько долгих, глухих часов возле молчаливой, красивой девушки.

Решение это впервые в жизни касалось личной его,

91

Шайбина, судьбы. Не пора ли было ему, взросшему в «государственном комфорте» и нашедшему в недавнем своем «пропадании» вторую жизнь, судить себя судом строгим и немилостивым? Не была ли эта вторая жизнь бесчисленное количество раз унижена в эти последние три дня? Не разбивал ли все его доводы Илья Горбатов — одним своим существованием, Вера Кирилловна — нежными, упорными словами?

Он с некоторою снисходительностью к самому себе вспоминал вчерашнее посещение политического друга. Друзьями они, в сущности, не были никогда, они были дальними, очень дальними родственниками, но по щекотливости, свойственной цивилизованным людям, никогда не пытались родством этим счеться. В тот год, когда политический друг в сопровождении жандарма впервые отправился за границу, Шайбин окончил гимназию. Тогда собственная судьба казалась ему завлекательнее.

Он вспоминал вчерашний день и слова об Илье, возвышенно произнесенные лишь для того, чтобы услышать их еще раз в собственных устах. Политически друг еще сомневался в окончательной правоте Горбатова, и Шайбин старался его убедить. Немного смешно было слушать собственный голос, звучавший уверенно, как бы даже нагло. Политический друг не прерывал его. Потом заговорил он сам. Рассудив, что Шайбину нечего попустительствовать в склонности к отвлеченностям, он сразу перешел на вопросы о поликультуре, о крупных зерновых хозяйствах под Лионом, о гасконском трехполье, о том, что всюду хромает овцеводство, — а напрасно! И тогда Шайбин вновь закричал что-то о «правде Горбатова»…

Только через сутки он мог обдумать весь этот порыв, пришедший к нему после вольного его бегства из Нюшиной комнаты, после прогулки по кладбищу. И теперь, когда сидел он в номере гостиницы, со стороны можно было подумать: человек этот так спокоен, так почти важен, что вот-вот он возьмет лист бумаги, карандаш, да не простой, а эдакий усовершенствованный, и начнет вычислять и чиркать… Он курил трубку.

В гостинице, где комнаты сдавались и на час, и на два, все время слышались шаги, голоса, хлопали двери. Дождь за окном шел не переставая, дождь мелкий, теплый и долгий, под однообразный шум которого пришла ранняя, осенняя ночь. Она надвинулась чернотою неба и светом движущихся огней. В сырой, алый туман убежали концы улиц. Город стал стихать. Пронзительный звонок кинематографа дозвонил, автомобили стали в очередь на углу, дожидаясь конца представления. Пробежал час затишья. Потом внезапно завертелись двери ночных ресторанов; нищие стали на углах плакаться ночным прохожим, переходящим из одних освещенных дверей в другие, и девушки собрались по три, по четыре под навесами кофеен. По большей части это все были крестьянские девушки, с большими, до сих пор красными руками, густыми волосами и широкими бедрами. Они ни за что не вернулись бы к себе на родину, к коровам и птичьему помету. Они выкрикивали непристойности, и мужчины трусливо отбегали от них.

Было около полуночи, и над «Занзибаром», в вышине черно-зеленой темноты, мигала выпуклая световая вывеска; она мигала один раз в полминуты — это привлекало прохожих и мучило в бессонницу венеролога, жившего в первом этаже. Анри метался между столиками и стойкой, где стояла проволочная подставка с крутыми яйцами и едва начатый, кирпичного цвета ростбиф. Анри носился взад и вперед с зеркальным подносом и салфеткой — нет, не первой чистоты!

Огни семи цветов отогнали ночь в небо, туда, где над крышами мутная, дождливая луна ходила за красными облаками. Поймали пьяного. Две женщины сидели за столиком и плакали, их имена безразличны нам — их звали Берта и Наташа. Обе плакали над письмом. Анри выпросил у них марку — у него не было такой марки; на ней был изображен матрос с «Авроры», но пойдите, объясните Анри, что значит «Аврора». Бог с ним!

В Шполе, в убогой, крохотной Шполе, опять за налоги терзали отца, мать, тетю Цецилию, сестру Деборочку и Гришу, надежду семьи. А торговля весь год не шла, торговля резиновыми подошвами и медными пуговицами — важно для т. т. военных. Отца посадили в тюрьму, имущество описали. И когда же этому конец, Наташа? Или уже не будет конца, Наташа? И деньги, которые она им послала, отняли, Наташа… Всех жалко, и папу, и Деборочку, и Гришу, надежду семьи… Ты знаешь, что такое Шпола, Наташа?

Наташа плачет очень тихо и все время, надо или нет, сморкается. Что такое Шпола? Нет, она не знает. Она никогда ничего не видела, кроме Константинополя и Парижа, и то в Константинополе ей было всего двенадцать лет. А России она почти не помнит. Еще видела она Биарриц, куда завезли ее и бросили.

— Ты не плачь, Берточка, — говорит она сквозь слезы и прячет лицо. — Смотри, два господина смеются над нами. Ты не плачь, никого не жалей, тебе самой тяжелее всех, я всегда утешаюсь, что нам с тобой тяжелее всех.

— А сама плачешь, — шепчет Берта. — Не могу я так. Куда пойдут они теперь, куда денутся? Мама кипятком руку обварила, шить не может, тетя Цецилия слепнет, на операцию денег нет. И неужели же это не кончится раньше, чем на том свете?

Она облокачивается на стол, еще глубже надвигает черную шляпу с блестящей пряжкой, подбирает меховой воротник темного пальто. У нее нежные, белые руки и сильно накрашенное, миловидное еврейское лицо.

Наташа вынимает пудреницу. Они сидят молча, прижавшись друг к другу, как две птицы, уставив воспаленные глаза в рекламу эльзасского пива.

— Тебе еще тяжелее, — говорит Берта, собравшись с силами. — Мои хоть далеко, а твои близко.

— Молчи уж! — Наташа перебирает Бертины перчатки, трогает Бертину сумку. Все это вещи, сто раз ею виденные, знакомые и родные, как свои собственные, купленные вдвоем, после долгих вычислений и обсуждений, и при виде их опять хочется долго и горячо плакать.

— Была у них сегодня, — говорит Наташа. — Пришла, села у двери, курить хочется — боюсь. Отец лежит, Александра III портрет вырезал, на стену повесил; до первого припадка дома

94

будет, а там опять в больницу свезут, а то соседи жалуются. Мать говорит: если бы ты того англичанина не упустила, жили бы мы теперь где-нибудь в собственном доме, под Ниццей, например. Попрекнула меня беззаботной жизнью. Я ушла.

Берта закрывает глаза.

— А потом что, Наташа? — спрашивает она очень тихо.

— Когда потом?

— Вообще потом, через пять лет?

— Вероятно, то же самое.

Опять они прижимаются друг к другу. Проходит много времени. Кое-кто рядом заплатил и ушел, пришли другие.

— Знаешь что? — говорит вдруг Наташа. — Закажем яичницу.

Берта улыбается мелкими ровными зубами, кивает. Да, это лучшее, что можно придумать. Еще хорошо бы заказать пива.

Анри стелет салфетку, со звоном и грохотом бросает вилки, перец, хлеб; пиво, как лед; яичница стрекочет на сковородке. Девушки начинают есть так, как научились здесь, в Париже, где жизнь трудна и сурова: чтобы ни одна крошка не пропала даром, чтобы все, за что будет заплачено, прошло бы в их пищевод, в их кровь.

— Может быть, заказать салат? — спрашивает Берта.

Им подают салат и к нему судок с маслом, уксусом и горчицей. Ах, какое утешение самим заправлять салат! Только надо быть осторожной, чтобы ни один листик не выпал из белой, прохладной мисочки.

Дверь распахивается; отряхивая маленький зонтик, горделиво и весело входит Меричка.

— Здравствуйте, Анри, какая противная погода! Берта, ты уже здесь, ты ужинаешь? Да что у вас за лица?

Ах эта Меричка, ничего от нее не скроешь!

Она расстегивает шубку и показывает новое платье, фисташковое, с оборкой и серебром, — чудное платье! Восхитительное! Она сегодня в нем пела, и смотрите, туфли к нему подошли, как нельзя лучше, старые, позапрошлогодние туфли, за семьдесят франков куплены, — есть такое место.

Ах, эта Меричка, никого-то у нее нет, какая она счастливая!

Она крутится у столика так, что все начинают на нее смотреть: и господин с дамой, и тот, что один, и те двое мужчин (ни одного из них нельзя назвать господином), что сидят рядом, давно молчат и слушают.

Наконец Меричка садится.

— Начнем ужинать сызнова, — говорит она и стучит агатовым кольцом о столик. Для начала она велит убрать грязную посуду и платит за пиво, яичницу и салат Берты и Наташи. Потом долго читает засаленную карточку и выбирает самое необыкновенное блюдо.

— Они вывезли пианино, — говорит Берта, все еще о своем, — то самое пианино, Наташа. Там одно «ре» было с трещинкой, и когда она играла Листа (в черном фартуке и с косой), оно рассеивало ее. Пианино вывезли, а косу отрезал парикмахер.

Мужчины уставились на них и не сводят глаз. Провинциалы какие-то! Лучше не смотреть в их сторону. Только Наташа время от времени поднимает глаза, ей почему-то приятно смотреть на того, что помоложе; у него по шву распоролся пиджак на плече, тесен он ему, что ли?

И тогда походкой легкой, с лицом печальным и неподвижным входит в «Занзибар» Нюша Слетова. На ней кротовая шуба — единственное, что есть у нее на целом свете. Она глазами обводит ресторан и видит всех, кого ей надо видеть.

— Анри, — говорит она, еще ни с кем не поздоровавшись, — сдвиньте эти два столика. Алеша, познакомьтесь с Меричкой, Бертой и Наташей. И вы, Илья…

Вслед за Нюшей входят еще трое, они тоже из «Aux horomes des Boyards», один из них с гитарой. И тогда придвигают третий столик, чтобы всем было куда сесть. Шайбин решается наконец сказать «здравствуйте».

Он сам бы, конечно, не пришел сюда, в эту ночь, в эти огни, это Илья привел его. Илья так и сказал: «Нюша назначила мне свидание», — и этим с самого начала дал цель и смысл всему проведенному вместе вечеру. Сперва они довольно долго просидели у Шайбина в номере, почти разговаривая, куря и читая вечернюю газету. Потом, в сильнейший дождь, они вышли, проблуждали по бульвару, пока не вымокли. В первом часу пришли они в «Занзибар» и здесь долго слушали всхлипывания двух девушек и их русские разговоры. Илья, со вспухшей жилой посреди лба, сидел неподвижно, в рассеянности, уставившись в лицо Наташе — что так ее смущало. Шайбин пил и постепенно бледнел, морщины, шедшие от крыльев тонкого носа его к подбородку, делались похожими на два черных шнурка. Эти разговоры, эти жалобы были здесь те же, что и три года назад. Да и как могли они измениться? Здесь никто друг другу помочь не мог.

Те, что пришли вслед за Нюшей, все трое были заняты гитарой, которую один из них держал у живота. Это был человек, когда-то известный в России; его тяжелый нос и огромные восточные глаза украшали обложки цыганских романсов. Сейчас от лица старого спившегося человека остались одни густые, поднятые над переносицей с особым, трагическим выражением брови. Цвет лица у него был темно-оливковый, громадная нижняя челюсть напоминала челюсть мертвой лошади, вместо голоса изо рта его исходил хриплый шепот, то высокий, то низкий, какого требовала нескончаемая мелодия, полная лирических фермато.

Двое пришедших с ним, один — в черкеске, с красным лицом, сильно выпивший, в нечищеных чувяках, другой в смокинге, по всей видимости, танцор, из тех, которых нанимают за плату, — оба наклонились к нему, полуприкрыв глаза и впивая всею ночной душевной расслабленностью минорные ходы каких-то цыганских вариаций. Певец большими зеленоватыми и сильно волосатыми пальцами перебирал струны, время от времени приостанавливаясь и делая глупое, удивленное лицо: ишь, мол, как оно вышло! Словно на его блестящем веку ему ни разу не случалось брать именно этого аккорда, не случалось идти этим рядом щемящих душу звуков.

В селеньи, у большой дороги,
Цыганку барин полюбил,

97

И сердце, полное тревоги,
В один аккорд с гитарой слил,

— в десятый раз повторил он хрипло, и на длинном лице его опять и опять отразилось волнение, из мутных глаз готовы были потечь слезы.

— Ах ты, черт! А ну-ка еще раз, Карпуша! — шмыгая носом, вскрикивал человек в черкеске. — И до чего это тонко сказано: в один аккорд с гитарой слил! Ведь это даже не всем понятно, а? Правду я говорю, Леша? Не всем понять, какому-нибудь грубияну не понять: нужны были десятки поколений с аристократическим вкусом всего эдакого носового, глазового, ротового, чтобы я мог это понять!

Эта речь окончательно заглушила голос Карпуши, он и не пытался бороться с черкеской.

— Был голос, да нету больше голоса, братцы, — поник он внезапно, и в минутной тишине раздался глубокий, уже почти старческий вздох.

Но из сидевших рядом никто на этих троих не обращал внимания. Девушки не сводили с Ильи глаз — всем троим он сразу ужасно понравился. Нюша распахнула шубу, от нее слишком сильно запахло духами.

— Вот это Илья Горбатов, — сказала она, указывая на Илью пальцем. — У него оттого такое румяное лицо, что он все морковь ест. Он, кроме того, знает, как сделать счастливым. Вы бы, Илья, торговали рецептами «в чем счастье», деньги бы нажили.

Меричка засмеялась — и нельзя было сказать, искренне ей весело или она притворяется: так хорошо она это делала.

— А мы разве не знаем? — воскликнула она сквозь смех. — Берта, мы тоже могли бы торговать рецептом.

Берта покраснела.

— А это вот — Алексей Иванович Шайбин, — опять сказала Нюша, — он ничего не знает и знать не хочет, и до рецептов ему дела нет.

Шайбин сидел рядом с Ильей и, как и тот, ничего не ответил. Он только стремительно опустил напряженный взгляд, чтобы не догадались, что он все это время думал о другом.

— Помните, — сказал он наклоняясь к Илье, очень тихо, но так, словно никого вокруг не было, — помните, я вас в вагоне спросил: что вы с ней будете делать, в случае, если я соглашусь? Вы мне не ответили.

Илья медленно повернулся к нему, лицо его потемнело.

— Не вам ее тащить на себе отсюда, — сказал он, едва разжав губы. — Думайте о себе: вам должно быть все равно, что будет с нею, иначе и вы станете ходить сюда с гитарой.

Шайбин побледнел еще больше, девушки смотрели на него с досадой.

— Почему вы приехали из Африки, — спросила Берта, — разве там плохо?

Шайбин не слышал вопроса, Илья ответил за него:

— А вы разве тоже из Африки, коли знаете, что там плохо? Нюша сдвинула брови.

— Илья, скажите им, откуда вы. Карпуша, слушайте! Леша!

— Я из деревни, — сказал Илья с опаской.

— Из какой деревни? — спросила Наташа.

В лице Нюши мелькнуло нетерпеливое желание, чтобы разговор этот наконец «склеился», она почти повелительно смотрела на Илью и вовсе не замечала Алексея Ивановича.

— Что же вы в деревне, на даче жили? — спросил Карпуша, приятно осклабясь.

— Нет, я там круглый год живу.

— Слабы здоровьем?

— Нет, я работаю там.

Опять все замолчали; Карпуша любезно сказал «а мы — здесь» и опять взялся за гитару. Но Нюша заставила его притихнуть.

— Да кто вы такой? — спросила Меричка.

— Я — фермер, — Илья вдруг смутился и покраснел.

— Это что же такое? — опять осмелилась спросить Наташа.

Теперь на него смотрели глаза всех, он не знал, куда ему деваться. «Нет, разговору, верно, так и не склеиться, —

подумала Нюша. — Илью не заставишь говорить, пропадешь с ним. Ничего-то он не умеет. Вот, зажал руки между колен и уставился в стол. Он, может быть, просто отвык разговаривать и сидит теперь так, будто потерял всякую возможность соображать».

— У меня там дом, волы, земля арендована, — сказал он наконец, словно выжал пудовую гирю. — Огород есть. Разве вы не слыхали, сейчас много русских так живут…

— В газетах писали, — сказал Леша.

— Да, да, вот именно, там иногда пишут. Так вот, значит, и я, а хотите — и вы можете.

Все молчали.

— А пианино у вас есть? — спросила Берта, широко открыв глаза.

Шайбин внезапно поднял голову. Он, казалось, ничего не слышал, что делается вокруг него, он опять наклонился к самому уху Ильи.

— А как же хромота моя? Вы заметили, я ведь хромаю немного. Помешает это?

Илья вздрогнул, но ни за что на свете не оглянулся бы он на Шайбина.

— Нет, — отрывисто пробормотал он, — не помешает.

Нюша начинала уставать от нетерпения, оставалось так мало времени. Теперь ей было ясно: это Шайбин мешает ему говорить и думать. Она не удержалась.

— Да рассказывайте же связно, Илья, — беспокойно сказала она, ища встретиться с ним глазами. — Мы для того пришли сюда, — солгала она, не краснея, — нам интересно послушать про вашу жизнь и теории ваши (ведь у него теории есть!). Неужели вам так-таки ничего не может прийти в голову?

От звука голоса Шайбин очнулся.

— Старинная русская привычка — в кабаке о жизни и России говорить, о всяких теориях, — произнес он, дернувшись. — Неужели и вы, Илья, не свободны от этого проклятия, ведь это теперь просто моветоном сделалось, ей-богу!

— А коли вся наша жизнь — кабак и моветон? — вскричал

100

обиженным голосом человек в черкеске. — Коли кабаком дышим?

Леща тотчас успокоил его, даже не взглянув на Шайбина. Карпуша сидел над гитарой, осоловев окончательно.

— Простите меня и не шумите, бога ради, — сказал Шайбин поспешно. — Рассказывайте, Илья, только что же это за «правда» ваша, если ее можно и монмартрским девицам преподносить, и в Лиге Нации обсуждать?

Но удивительно, как до Шайбина и до тяжелых слов никому не было дела! Никому, кроме Берты, вдруг покрасневшей и закусившей губу. Но она не посмела раскрыть рот.

«Неужели он меня к ним ревнует?» — мелькнуло в мыслях Ильи, и он почувствовал смущение.

— Алексей Иванович потому так говорит, — сказал он, передвигая на столе предметы, — что ему все это давно известно: я ему надоел с моими разговорами.

— Как, вы с ним говорили об этом? — спросила Нюша тревожно. — Вы, может быть, предлагали ему…

— Нет, я ему ничего не предлагал.

Илья почувствовал, как легкая, горячая рука Шайбина легла ему на руку.

— Ни слова обо мне, — прошептал Алексей Иванович.

Этот шепот показался Илье шепотом сообщника, он испугался, что кто-нибудь мог его услышать, что по этому поводу догадаются о том повороте шайбинской жизни, о котором сегодня первый намек дал ему Деятель.

— Хорошо, я расскажу вам, как мы там живем, — начал Илья, чтобы окончательно покрыть Шайбина. — Я расскажу вам, хоть и знаю, что вам это вовсе уж не так любопытно, как говорит Анна Мартыновна… И если вам спать не хочется?

Нюша благодарно взглянула на него, девушки придвинулись друг к другу, и Наташа положила руку на плечо Берте. Илья попросил подать еще пива.

— Подождите, дайте мне уйти, — сказал вдруг Шайбин. — Мне нечего вас слушать, я пойду домой спать. Я, собственно, совершенно перестал спать последние ночи, я даже порошки в аптеке купил.

Алексей Иванович осторожно стал выбираться со своего места, в лице у него был мир, какого Илья еще не видел; он без улыбки поклонился всем и отдельно Нюше. Под всеобщее молчание он пошел к дверям.

Мысль, мелькнувшая в уме Ильи в это мгновение, была отчетлива, и отчетливостью и своевременностью для него совершенно необычайна. «Неужели же и я умею соображать, когда надо»? — тут же удивился он самому себе. В один миг вынул он из кармана огрызок карандаша, оторвал край лежащей на столе вечерней газеты и, быстро написав на ней несколько слов, протянул Алексею Ивановичу. Тот неспешно взял его и сунул в правый наружный карман пиджака. Но, выйдя из «Занзибара» на улицу, где к этому времени кончился дождь и где шины автомобилей шелестели по мокрому асфальту, он остановился.

На краю газеты был написан адрес господина Расторопенко. Шайбин два раза перечел его. Судьба Алексея Ивановича решалась.

Между тем Илья начинал свой рассказ. Он почти совсем не смотрел на Нюшу, он обращался то к Меричке, то к Берте, он обращался даже к Наташе, чьи взоры опять восторженно начали следить за ним. Карпуша и человек в черкеске пили пиво, в дремоте положив локти на стол, Леша макал в коньяк кусочки сахара. Анри, по причине того, что в этот поздний час других посетителей не было, стоял за стулом Мерички и, крутя пальцами за спиной, смотрел Илье в рот. Ему казалось, что некоторые слова он вот-вот поймет — они ускользали от него, он гонялся за ними.

Илья рассказывал не совсем так, как хотелось Нюше: ни единым словом не обмолвился он о мыслях своих, о которых с такой охотой говорил недавно Деятелю. Он долго и весело рассказывал о Габриеле и Марьянне, о том, как приезжала к ним летом ярмарка и они вместе ездили верхом на корове, о том, как с этого все у них началось; он говорил о Сен-Дидье, где люди чинно гуляют по праздникам, о господине Жолифлере и

102

о том, как, увидав Марьянну верхом на корове за спиною сына, господин Жолифлер в тот же день, поздно ночью, пришел к ферме Горбатовых и заглядывал в окна: ему хотелось знать, что за люди эти русские; и как он увидел Марьянну под лампой, в фартуке, с бусами на шее и наперстком на пальце, и как она полюбилась ему.

Он рассказал о прежнем своем хозяине, богатом землевладельце и мэре, обладателе того самого леса, который спокон веков стоял себе и стоял и с которым теперь происходят неслыханные перемены; об акциях консервной компании — может быть, кто-нибудь даже видел такие зеленые, узкие банки, они продаются во всех магазинах? — это и есть знаменитая спаржа… Он рассказывал о будущем хлебе, о пшенице и, наконец, о Вере Кирилловне, у которой в первый год погибли на огород чеснок и порей из-за проклятой puccivia olii, и как она плакала тогда; как она в прошлом году сшила себе новое платье в городе, у портнихи, и как к весне' новое платье готовится сшить себе Марьянна. Он говорил о русском батраке, прожившем лето у них, ушедшем в Гасконь, на испольщину, и о том, что хочет взять к весне опять кого-нибудь, чтобы подучить и отправить под Тулузу… Вот и все — что знал, то и рассказал.

— А ваш брат Вася? — спросила Нюша нетерпеливо.

О Васе Илье нечего было рассказывать; все молчали, и он помолчал с минуту.

— Трудно жить, — сказала вдруг Меричка, скосив глаза, — все кажется, будто легко-легко, а задумаешься — нет, какое там легко! Только трудно. Может быть, вы еще расскажете?

Человек в черкеске ударил по столу рукой с загнутыми, как у коршуна, ногтями.

— Едем, Леша, а? Не хочешь? Едем картошку копать! Карпуша, не опускайся, брат, на донышко, воскресни! Едем теребить сосцы матери-земли!

— Тише, не шумите, — сейчас же обернулась к ним Берта.

— Эх вы, ни на что не способные, пьяные люди! Вот Гриша наш наверное поехал бы, наверное бы решился, да и нас бы всех с собой взял! Да что говорить!

— Нас не возьмешь, — печально шепнула ей Нюша, — нам, кроме этого, еще столько к жизни надо; бедные мы — правда, Меричка?

— Правда, Нюша, — кивнула та, и две слезы стали у нее в глазах. — Только нет, нет! Ничего нам не нужно, ничего. Мы и так счастливые!

Все четыре девушки поняли друг друга с одного взгляда.

— Мы и так счастливые, — повторила Берта, украдкой взглядывая на Илью.

Тот чувствовал, что не в силах более присутствовать на этом веселье, но Карпуше захотелось спеть на прощание: он попросил послушать его. Долго тренькал он какие-то ходы, все выше поднимая над переносицей похожие на гусениц брови.

В селенье, у большой дороги,
Цыганку барин полюбил,
И сердце, полное тревоги,
В один аккорд с гитарой слил, —

хрипло продекламировал он под хватающий за душу аккомпанемент и вдруг заплакал.

— Ни петь, ни дышать не могу больше, братцы, — сквозь рыдания произнес он.

— Уйдем сейчас же, — вскочила Наташа, — иначе он всех нас плакать заставит, как вчера.

Девушки встали. Теперь в них во всех было что-то схожее, что сближало их, и видно было с мимолетного взгляда даже, что долго прожили они вместе и много вместе промучились.

Илья тоже встал. Нюша сказала:

— Мне с вами, Илья, поговорить надо, мы пойдем пройтись четверть часика, согласны? Дело у меня к вам есть.

Девушки молча подали Илье руки. Те трое еще сидели — оставалось меньше часа до закрытия «Занзибара», они каждую ночь уходили отсюда последними.

Дождь давно кончился, и улица успела высохнуть. Облака раздвинулись и показали предутреннее, легкое и далекое небо. В угловом кафе, где дверь была раскрыта настежь и откуда шел дым дешевого табака, негры в одних жилетках, но при часах и цепочках, играли в биллиард. Зубы и белки глаз сверкнули Илье белизною биллиардных шаров. Нюша взяла его под руку и увлекла. Он не узнавал улиц, бумажки и сор носились по ветру, зеленоватый свет фонарей растекался по бессонным лицам прохожих, дрожали и гасли бледные световые рекламы — с каждой минутой небо становилось прозрачней, в свете тонули высокие звезды. В окне большого ресторана, на беспутной площади с пустым фонтаном, доигрывал потный скрипач, а из узкой, золоченой двери, по заплеванным ступенькам, спускалась к дребезжащему автомобилю богато и дурно одетая женщина, со стотысячным жемчугом, обвитым вокруг отвратительной шеи.

На углу бульвара, где было пусто и тихо, Нюша остановилась и взглянула Илье в лицо.

— Вы знаете, зачем я назначила вам свидание в «Занзибаре»? — спросила она в волнении и тоске. — Когда вы решили ехать домой? Вечером?

— Да, с поездом в семь двадцать.

Она взяла его за рукав, почти вплотную приблизилась.

— Илья, вот что, я прошу вас… — она едва могла говорить. — Уезжайте сегодня же утром, сейчас… Я знаю, есть поезд около восьми утра. Послушайтесь меня, я умоляю вас.

Он мог ожидать всего (в глупости, в которой он самому себе ни за что бы не признался, ему даже почудилось, будто она сейчас скажет, что решила ехать с ним). Но почему ей необходимо было, чтобы он покинул Париж на двенадцать часов раньше?

— Неужели вы еще не побывали всюду, где хотели быть? — спросила она опять, ласково поднимая лицо к его лицу и тотчас же опуская глаза. — Неужели вам нужен еще и понедельник? Вам необходимо ехать, слышите, совершенно необходимо. Уезжайте утром, теперь шестой час — через три часа вы должны быть на вокзале.

Он молчал, он ждал, что она сама откроет ему причину своей просьбы, но чем больше он молчал, тем больше волновалась она.

— Вы должны ехать… Почему вы ничего не рассказали мне о Васе? Вы должны успеть. Адольф сегодня вечером отправил ему телеграмму от вашего имени: будто вы его вызываете…

Тщетно было Илье сдерживаться — он выдернул руку из руки Нюши. В памяти его побежали лица, события двух последних дней. Он увидел Адольфа, наклонившегося через перила и кричащего ему вслед нарочно придуманные слова, он увидел гримасу Деятеля, когда тот говорил ему о женщине, приходившей в квартиру Расторопенки; и Анюта такая, какую он видел ее на дороге, мелькнула перед ним, и двор, где дети копались в отбросах.

Он с минуту молча смотрел на опущенную Нюшину голову в светлой фетровой шляпе.

— Кто вы такая? — спросил он жестоко, будто в первый раз видел ее. — Неужели вы заодно с Келлерманом?

Она стояла, не двигаясь.

— Неужели он замешал вас в свою работу? И вы согласились! Вы ходили позориться к Расторопенко! Боже мой!

— Скажите сперва, — сказала она упрямо, — что вы сейчас же уедете, с первым же поездом.

— Зачем вам это?

Она опять взяла его за руку, голова ее кружилась.

— Это единственное, что я могу сделать. Больше ничем не могу помочь. Молчите! Вы готовы думать, что я заодно с Адольфом, в лучшем случае, что я дура, которую втравили. Нет, это не так: меня замучили. Адольфа я знаю с прошлого года, он содержал Меричку и бросил ее. Я уцепилась за него, за все его обещания — только бы вырваться из этой кабацкой жизни. Но ему не я нужна была, нужны были люди, которых он мог достать через меня. Но клянусь вам, клянусь, он от меня не узнает адреса Расторопенко!.. Вы поедете?

— Да, — сказал Илья.

Он взял ее под руку, и они пошли на этот раз совсем медленно. Куда? Вдоль бульвара, где в этот час не было никого — только нищие спали на скамейках.

Нюша отсылала его от себя — это было ясно Илье, — она сознательно теряла его, она отказывалась от него. Ему

106

предавала она Келлермана. Зачем? Чтобы сделать попытку спасти Васю?..

— Вы говорите, он послал телеграмму от моего имени? Значит, вы хотите спасения Васи? Вы хотите быть с нами против Адольфа? — спросил он. «Не то, не то», — мелькнуло у него в мыслях.

— Я хочу, чтобы спасся хоть кто-нибудь, — прошептала она, глядя перед собой.

— Вы давно знаете Адольфа?

— Я сказала: около года. Он платил за Меричку в гостинице, у нее я познакомилась с ним.

— И в то время, как вы писали мне и ждали меня, вы надеялись, что от него может прийти спасение?

— Я скажу вам, Илья, я готова была ехать в Россию.

Он невольно сжал ее руку.

— А теперь?

— Теперь нет. Теперь я вижу, что это за люди. Ведь вся их переписка с вашим братом прошла у меня на глазах. Он хотел, чтобы я написала вам, чтобы я уломала вас «своими чарами», что ли. О, он говорит, что нет человека, которого нельзя было бы купить! Теперь я вижу, кто он такой. И вот все вместе пришло ко мне: я предаю его и теряю навсегда вас.

Она с решимостью посмотрела ему в глаза. Она сама себе удивлялась: ей не хотелось ни жаловаться на судьбу, ни плакать. Да, она оставалась совсем одна, но разве не он, не Илья, поселил в ней дикую веру в чудо?

— Скажите мне, чего бы вы для себя хотели? Вот, я вычеркиваю себя из вашей жизни, чего бы вы хотели для своего счастья?

Он толкал ее к мыслям, которых она боялась, которым она противилась. Она покраснела; рука ее стала легкой и слабой в его руке.

— Я говорила вам, — сказала она, словно еще защищалась, — мне кто-то нужен, иначе ничего быть не может. Я брошу все, я согласна на труд тяжелый и постоянный, я даже ищу его, но я не могу одна, мне нужна любовь. Я думала, что вы — моя любовь, но вы не ответили мне, и я вижу, что я так слаба, что бороться с вашим равнодушием, с вашей дружбой не могу. Значит, я прощаюсь с вами в своей душе. И я буду искать снова.

— Вы должны искать не среди первых, не среди тех, что и без вас могут стать ими, вы должны найти самых слабых, самых последних. Там вас узнают, там вас полюбят… Я искал самых далеких мне — в Болгарии, здесь, в Париже, в том доме, где живет Расторопенко, — вы ведь были там и, значит, знаете, что это такое. Вера Кирилловна вы тоже знаете, где искала — в Иностранном Легионе.

Она взглянула на него, и он угадал вопрос в ее глазах.

— И она нашла, — сказал он тихо.

Сердце его было полно. Он словно бы опьянел от вина, выпитого в «Занзибаре». Как не стыдно, право! Деревенский парень приехал в Париж и напился, и шляется по улицам до рассвета! Нет, видно, жизнь в деревне накладывает на человека законы, которых не избежать.

Они крутили по серевшим в рассвете улицам. Пронеслись битюги с молоком, из домов выносили ведра мусора, и громадный грузовик, попыхивая, переезжал с одного угла на другой, забирая их. Там, широко расставив ноги и засучив рукава, стоял парень, вываливая себе под ноги содержимое этих цинковых ведер, и порой веселому взгляду его попадалось то примятое тельце котенка, то горшок фикуса, изъеденного червями. А с шелестом мягким росистым проходил другой, подобный первому, широкозадый грузовик; он поливал площадь, обдавая свежестью уличный воздух; и парень, может быть, брат тому, что реял над мусором, так же весело и гордо менял скорости, управлял кранами, всем телом наваливался на руль.

Больше между Ильей и Нюшей не было сказано ни одного слова. На площадке лестницы он простился с ней. Она велела передать Марьянне, что помнит ее и желает ей счастья в замужестве (лиловое мыло он ей так и не купил!).

Она вбежала наверх, с минуту постояла на площадке, послушала, как Илья вошел в номер. Потом быстро вошла к себе, в темноте (шторы были спущены) разделась, умылась, взяла подушку, собственную, в кружевной наволочке, и,

108

заперев дверь, ушла в конец коридора, к Меричке. Тихо-тихо улеглась она к ней под одеяло, и Меричка, на минуту проснувшись, пробормотала что-то бессвязное и ласковое и обняла ее. Они обе заснули, прижавшись друг к другу, так что утром Нюши Слетовой в ее комнате не оказалось и прошло некоторое время прежде, чем ее нашли.

А Илья побоялся лечь, побоялся уснуть каменным сном часов на четырнадцать. Сердце его было полно тревогой и радостью. Он аккуратно уложил немногочисленные вещи и снес их вниз. Там было тихо. Он вышел на улицу, выпил кофе с булкой в только что открытой кофейне, где сам хозяин выметал из-под лавок вчерашний сор. Там просидел он до шести часов и прочел утреннюю газету.

И правда, дел в Париже у него не было больше никаких, он мог свободно уехать утром вместо того, чтобы уехать вечером, но вечерний поезд был скорый, пересадка удобнее. Выезжая из Парижа утром, он будет дома не раньше десяти часов вечера, ему придется со станции идти пешком по ночным полям, под месяцем, одному — как это будет прекрасно!

В семь часов он вернулся в гостиницу, расплатился и уехал на вокзал. На вокзале он терпеливо прождал почти целый час, пока подали поезд. Народу было много; ему показалось, что рядом, в соседнем отделении, едет та самая женщина, что ехала с ним три дня назад в Париж, и тот же араб стоит у окошка. Мимо прошли тихие улицы и огороды Мезон-Альфора, Сена мелькнула свинцовым блеском, барками и лебедками. Илья растянулся на жесткой койке и под незабытый, мерный говор колес заснул, подложив под щеку кулак.

Раза три за все путешествие, но никак не более, он вставал, покупал на станциях еду и пиво и опять ложился. На противоположной лавке не было никого. Колеса стучали, поезд несся с севера на юг, день был сырой и хмурый, дым бросался в окно вагона, и махали Илье рукавами низкие, дымные тучи.

Очнулся он в А., мягкий южный ветер и тихий вечер приняли его. Поезд умчался дальше, к лету, к морю, где еще купались, к берегам в цветах и белом камне.

Он опять был у себя, он опять был близок к тому куску

земли, к тому месту в мире, которому отныне пожелал принадлежать. Что такое были для него город и сорок восемь часов, которые он пробыл там? Они истаяли у него за спиной ранним сумраком северной осени, и от них осталась только память — память о потерянности, о ненужности людской. О себе Илья не думал. Пока маленький, гулкий поезд вез его домой, в его мыслях медленно, несколько неповоротливо, но со спокойной отчетливостью проходили Нюша и Шайбин, пока, наконец, он не стал думать только о Васе, которого через час должен был увидеть, с которым предстояла большая, открытая братская борьба.

Поезд остановился на полминуты; Илья соскочил. На дворе была ночь, пахло сырой листвой. «Верно, нынче был дождик», — подумал Илья, и сердце его забилось от радости. Он прошел по платформе, мимо служителя, во внутренность маленького, сиротливого вокзала. Две лампочки горели над кассой, отвратительно завизжала входная дверь. На круглой площади не было никого.

Город спал сном крепким и дружным. Ставни домов были закрыты, лишь в угловой булочной, в подвале, был свет, казавшийся издали красным. На главной улице, умытой дождем, горели редкие фонари, заведение господина Гастонета было еще открыто. Напротив, ловя веселые его светы, мерцала вывеска господина Жолифлера. Было тихо, сонно и свежо, как в комнате ночью, когда раскрыто окно. Илья, неся чемодан в руке, прошел сквозь этот недвижный город; на краю его шептались деревья. Внезапно, повернув влево, он увидел знакомое пространство; где-то, словно у самого горизонта, залилась собака. Не прошел он двадцати шагов, как из-за далекого, черного холма поднялся едва ущербленный месяц. Он поднялся с волшебною стремительностью и повис над дальним лесом, и сразу все стало живым в его прохладном свете. Небо далеко отошло ввысь со всеми своими внезапно уменьшившимися звездами, земля стала близкой до самого горизонта, и тень Ильи ушла далеко вправо, к последним домам городского предместья, к ограде школы, и там — поползла.

Он шел и шел, и чем дальше уходил он от города, тем безумнее и горячее любил он эту ночь и эту землю, знакомую гущу деревьев у дороги, молчание в воздухе, глубокую тишину убранных полей. Он не знал стыда перед самим собой — он готов был запеть. Со шляпой в руке он шел довольно быстро, ловя губами шедшее ему навстречу чудное дыхание. Да, несомненно, сегодня здесь был дождик: дорога потемнела, умылись звезды... Господи, благодарю Тебя!

Вот на этом повороте сели они с Шайбиным в автобус три дня тому назад, вот сейчас покажутся высокие платаны и крыша дома, и чердак, где, должно быть, спит или нет, наверное, не спит, а мучается Вася. Да, в незыблемой прочности стояли платаны и дом за ними; в тишине и свете ночи увидел их Илья.

И тогда он не смог более противиться счастливому трепету, охватившему его. Тут же, на сырой дороге, встал он на колени и прижался к глинистой, рыхлой земле. И в наставшем безмолвии (ибо раньше он ничего, кроме шагов своих, не мог слышать) он различил ночные трески и шорохи в траве, у дороги.

Осторожно отпер он ворота, навстречу ему кинулась собака и с тихим урчаньем прижалась к его коленям. В доме, видимо, давно спали, окно кухни почему-то было завешено Марьянниным фартуком. Илья подошел к лестнице, ведшей наверх; собака все кидалась ему под ноги.

Он осторожно стал подниматься, ему не хотелось будить ни Васю, ни тех, что спали внизу. Осторожно открыл он дверь чердака и во мраке увидел привычное очертание двух кроватей — на одной из них, закутанный в темноте, сидел кто-то и молча смотрел в его сторону, будто давно поджидал его.

— Вася, — сказал Илья тихо, остановившись у порога.

— Его нет, — ответила Вера Кирилловна, вставая, — он ушел, Ильюша. Он ушел от нас вчера вечером.

Он не мог видеть ее бледности, но глаза ее сверкали слезами.

Илья присел на табурет у двери. Счастливый трепет в одно мгновение вылетел у него из души.

— Я ждала тебя, я чувствовала, что ты придешь, — сказала Вера Кирилловна, подходя к нему. — В субботу вечером я поняла, что все кончено, что он не дождется тебя. Мне даже показалось, что он спешит и хочет застать тебя в Париж. С ним началось что-то странное. Утром, в воскресенье, он долго возился со скотом, потом был в городе; как признался Габриель, он приходил к нему за деньгами, сказал, что у него утром платеж и что ты не оставил денег. В это время Жолифлер был у нас, Марьянна просватана. Вечером после ужина Вася ушел. Он не вернулся ни вчера, ни сегодня — он уехал.

— Он клялся мне, что простится со мной, — сказал Илья.

Оба находились друг от друга в расстоянии одного шага, в полной темноте. Илья протянул руку, нашел руку Веры Кирилловны. Рука Веры Кирилловны дрожала.

Прошло несколько минут.

— Мы с вами, мама, всегда искали путей самых трудных, — сказал Илья глухо, — другим они не под силу. Васе оказалось не под силу, но вместо Васи придет к нам кто-нибудь другой, и, может быть, не один, а может быть, когда-нибудь вернется и Вася.

Она начала дрожать еще сильнее.

— Скажи, Ильюша, не томи, — прошептала она, — о чем ты? Скажи...

— Нет, нет, ничего не могу сказать, ничего сам не знаю.

Она отняла руку, закрыла лицо.

— Когда же будут высланы деньги? — спросил Илья. — Люди готовы, могут в пятницу выехать.

— Жолифлер получил деньги сегодня и сказал, что завтра же вышлет их Расторопенко.

Она прошла мимо него, как тень. Он следил за нею, душа его разрывалась от жалости.

— Ты знаешь, кто внизу? — спросила она с робостью, берясь за косяк. — В кухне он ночует с Анютой. После ужина привезли его из Л. За три дня они прошли километров двадцать пять, не больше, ему стало худо, он дал наш адрес. Девочка испугана. Он очень слаб.

Илья слышал ее шепот. Теперь он держал ее за концы платка.

— Вы знаете, кто эта девочка? Он вам не говорил?

— Нет, он вообще не говорит, он много кашляет. У него жар.

— Надо завтра чуть свет Марьянну за доктором послать.

— Он не хочет доктора.

Ее шепот и шорох ее движений таяли где-то совсем близко от Ильи. Она легко провела рукой по его голове и вышла. Он услышал, как скрипят ступени лестницы, приставленной к дому.

Итак, где-то подле Дижона его поезд встретился с поездом Васи. С оглушительным свистом налетел паровоз, загрохотали вагоны, сливая два шума в один, в окнах замелькали другие окна, стенки вагонов, мгновенные просветы… Он ничего этого не видел, ничего не знал. И теперь с Васей было покончено. Дальняя дорога его наконец определилась.

ГЛАВА СЕДЬМАЯ

— Ну, здравствуй, мужик, — сказал Адольф насмешливо.

— Здравствуй, — сказал Вася.

Люди, спешащие с поезда, не дали им остановиться, заторопили их к выходу.

— Где твои вещи?

— У меня нет вещей.

На нем не было даже пальто, и видно было, что за ночь в поезде он продрог: нос его покраснел, а руки, вылезающие из рукавов куртки, стали даже слегка лиловатыми. Вид у него был какой-то нечесаный, неопрятный.

— Видишь ли, — начал Адольф, опять довольно презрительно, — я должен тебе признаться: телеграмма, посланная тебе в субботу днем, была от меня. Илья, конечно, не мог телеграфировать тебе.

— Я так и понял, — кивнул Вася, — Илья не стал бы.

— Вот как? Значит, ты решил ехать? Тем лучше.

— Я решил, но я дал слово Илье, что не уеду, не простившись с ним. Поэтому я так и спешил, чтобы застать его здесь, чтобы не разминуться.

Адольф поморщился.

— Ну это ты прогадал, мужик: он уехал сегодня утром. Ему передали, что тебя вызывают, и он помчался держать тебя за хвост.

Вася остановился. Его красные щеки теперь казались одутловатыми, а испуганные, выцветшие глаза вызывали у прохожих сочувствие.

— Я не увижу его? — пробормотал он. — Но я клялся ему…

— Ты ни при чем, это он виноват, что не подождал тебя.

Они сели в автомобиль.

— Улица Ганнерон, 14, — сказал Адольф, — я отвезу тебя в гостиницу, завтра уедешь.

Вася, оглушенный, смотрел на Адольфа, он совершенно не узнавал его. Кроме того, он был очень голоден.

— Откуда ты знаешь, что Илья уехал? — сообразил он спросить.

Адольфа раздражали вопросы.

— Ему вчера сказали, что послана телеграмма, с его характером не мог же он сидеть здесь? Кроме того, я только что звонил в гостиницу.

— Ему сказали нарочно? — спросил Вася беспомощно.

— Не твое дело. Боже мой, Васька, до чего ты деревенщиной стал!

«Это он мой автоматизм так называет», — подумал Вася. Ему вдруг стало совестно: вот он в Париже, вот он на пути, который сам избрал. Нет, он просто никуда не годен!

Они неслись по широким многолюдным бульварам.

— Это Триумфальная арка? — спросил Вася.

— Нет, это ворота Сен-Дени.

С ним совершенно не о чем было говорить.

— Ты не думай, что я совсем дурак, — сказал Вася, — просто душа не лежит к разговорам.

— Переживаешь, в себе копаешься? Понимаю. Остался таким же недорослем, каким был.

«Все равно, лучше не отвечать, — подумал Вася. — Куда мы едем? Лучше бы уж с вокзала на вокзал».

Но из грубых, отрывочных слов Адольфа выяснилось, что Васин поезд уходит завтра, в семь десять вечера. А до того времени он свободен, он может пойти сегодня вечером в кино, идет «Ангел улицы» — ты, небось, и в кино три года не был? Кроме того, можешь купить себе пальто, я дам денег. Нет, к Александру Адольфовичу нельзя зайти, он слишком занят.

Бензин и пыль были ему отвратительны сладковатым своим привкусом. В гостинице Адольф сам сговорился с хозяйкой. Да, как же, имеется свободная комната, та которую нынче ранним утром освободил приезжий из Прованса.

— Я тебе оставляю пятьсот франков, купишь пальто и проживешь до завтра. Завтра часов в шесть приду за тобой, привезу билет и паспорт.

Вася постоял посреди комнаты с пятью сотенными билетами в руке. Как просто все, как невероятно просто! Только с ним может происходить такое, оттого, что он ничтожен, жалок, оттого, что жизнь бежит мимо него.

Адольф ушел, и теперь Вася знал, что ему надо делать. Это одно и мучило его всю ночь. С успокоением взглянул он на деньги, сунул их в карман, побежал вниз и спросил, где почта.

Два раза он терялся в шумных и светлых улицах. Наконец после долгого стояния в очереди — в конце месяца всегда столько бывает денежных отправлений — он отправил Габриелю взятые у него накануне двести франков. Выйдя с почты, он купил в колбасной две пары сосисок и фунт горячей капусты; у себя в номере он все это съел, забыв о хлебе.

Ему предстояло прожить таким образом почти два полных дня. Он никого не знал в Париже, о сне он не мог и думать. На улице было весело и свежо, но не было пальто и денег на него тоже уже не было — Вася в точности не знал, что могло стоить, вообще, парижское пальто. Он сел к окну и стал смотреть на улицу. Он презирал себя, все ему было отвратительно, что имело касательство к нему. Он видел себя лживым, глупым, недостойным ничьей любви, предавшим Илью, обманувшим Веру Кирилловну. Особенно стыдно, почти страшно было ему вспомнить Марьянну, ее широкую рабочую спину, когда мешала она пойло свиньям, ее глаза, счастливые, влюбленные глаза, когда смотрела она на Габриеля. Все, что прямым путем не относилось к нему, словно зараженному дурной болезнью и распространяющему глухую заразу, все имело для него неизъяснимую, сладко-унижающую прелесть.

Он вспомнил Терентия Федотова, батрака, работавшего у них этим летом. Федотов так до конца и не понял, что отлично они могли справиться и без него: Илья нарочно взял его, чтобы научить, чтобы дать возможность с осени устроиться самостоятельно. И Терентий Федотов собрал трех земляков (один даже жену привел) и осел километрах в трехстах. Илья ему и контракт растолковал.

Нет, нет, он не мог жить ни там, ни здесь. «В такой гостинице обыкновенно стреляются», — подумалось ему. Он не застрелится, он испробует еще один способ жизни. Папаша, Степан Васильевич, небось встретит его на московском вокзале, том самом, с которого когда-то все они уехали; и тогда уже был в нем этот яд, но он был тайным. Адольф вынырнул из-под земли со всеми своими письмами; Адольф дал яду этому разлиться в его жилах.

Первое письмо пришло год назад. Да, ровно год. Адольф тогда только спрашивал: хочешь? И Вася ответил: хочу-то хочу, но не верю. С тех пор прошло много месяцев, весной одно время он вовсе перестал отвечать Адольфу; это было на Пасху, после того, как побывал у них на ферме тот человек, тот слепой старик, бывший, говорят, сельский учитель.

Он уже не помнит ни одного слова из тех, что говорил этот необыкновенный гость. Он не может вспомнить ни одной его песни. Теперь, когда, одряхлевший и ослепший, странник опять пришел к ним на ферму, в нем по-прежнему не было ни благости, ни прощения. Что же это за христианин, который полон такой суровости, такой взыскательности? Благословляет ближних, но на далеких шлет анафему, просит у Бога для них болезней и голода. Не узнал Вася до конца захожего гостя, это будет его в Москве мучить. А Илья? Три года смотрел он на него, когда тот пахал, чистил хлев, строил пристройку, когда рубил кривое дерево у дороги, которое долго, должно быть лет тридцать, мешало почтальону и всем другим. Три года он ходил за ним следом и «ничего не понял», как сказала Вера Кирилловна. «Поймешь — вернешься». Это пустые слова, это невозможно! Вернуться? Как, зачем? Нельзя вернуться ни житейски, ни душевно. Нет, кто попадает туда, тот не возвращается. Но кто же туда попадает?

Попадают «шкурники» (Марьяннино слово), ищущие «легкой жизни». «Неужели и я в их числе? — думал Вася. — Неужели мне хочется праздности и… подлости? Я хочу родины, так я сказал Илье. Родина прежде всего должна решить основные вопросы моего существования — а это уже облегчение. Здесь я не слышу ее голоса. Да, я хочу облегчения, я хочу быть там, чтобы в самом главном не чувствовать ответственности и не быть хозяином своей жизни. Здесь я слишком свободен».

Он поднял голову, ему показалось, что в дверь постучали. Но стучать было некому, он не ответил.

«Я слишком свободен, я не готов к этому», — сказал он себе с какой-то ранней горечью и вновь взглянул на дверь. Медленно повернулась ручка, дверь приоткрылась.

— Илья, вы спите? — спросил чей-то голос.

Вася вскочил.

— Илья? Здесь нет Ильи, — вскричал он в испуге.

Дверь внезапно распахнулась, и Вася увидел Шайбина.

С минуту оба стояли друг против друга, как бы не узнавая один другого. Они стояли молча, не спуская глаз друг с друга, пораженные этой встречей.

— Вася Горбатов? — медленно переводя дух, спросил Алексей Иванович.

Он вошел, и тут Вася впервые заметил, что он несколько хром на левую ногу. Он заметил кроме того, что человек этот, гостивший у них сутки, сильно изменился здесь, в Париже. Уже и тогда вид он имел далеко не блестящий, сейчас глаза его были воспалены, а все лицо подернулось серым налетом.

— Вы приехали к Илье? — спросил он, видимо, конфузясь своего любопытства.

— Илья нынче утром выехал.

Шайбин ничего не понял из этих слов.

— Куда выехал? — спросил он терпеливо.

— Домой, — ответил Вася.

Алексей Иванович в эту минуту понял, что он остался один, и одновременно с этой мыслью пришла к нему другая: Илья ушел, оставив его иным, чем привез, Илья оставил его тогда, когда это уже было не страшно, Илья бежал от него, выполнив все, что должен был выполнить, на что посылала его Вера Кирилловна.

— Зачем же вы здесь? — спросил Шайбин, что-то припоминая: он столько все эти дни думал о себе, что о Васе ему на время вовсе пришлось забыть. — Что вы здесь делаете, в Париже, в этой гостинице?

— Я здесь живу, я разминулся с Ильей. Я уезжаю завтра.

Ах, да! Маленький Вася, ставший взрослым человеком,

118

уезжает в Россию. Это Шайбин уже слышал на юге. Но неужели это так-таки правда?

— Значит, вы хотите пропасть? — спросил Алексей Иванович невольно.

Вася взглянул ему под ноги.

— Вы ли это, Алексей Иванович? От вас ли это слышу? — набрался он дерзости.

Шайбин притворил дверь.

— Я только спрашиваю, я вас ничему не учу, хотя… мог бы. Вы убежали из дому?

Вася не ответил.

— Хорошо, мне ответа не надобно, ответ уже дан вами — посмотрите на себя в зеркало: у вас вид вора. Вы обманули Веру Кирилловну.

Вася покраснел и, как мог, постарался скрыть это.

— А вы? — усмехнулся он и сам испугался своих слов.

Шайбин простоял спокойно между дверью и умывальником. Ему никогда в жизни не приходилось слышать таких слов. Вся его жизнь, весь он сам, со своими раздвоенными мыслями, с больным сердцем, из-за которого ему дали преждевременный отпуск из Иностранного Легиона, все, что окружало его, — и с этим вместе коротко и зло измучившая его Нюша, — все внезапно рухнуло и провалилось без возврата, без спасения, в какую-то пропасть. И осталась одна его вина, вина всей его жизни.

Он не опустил глаз под взглядом Васи. Тот сидел у стола красный и встрепанный.

— Ваш вопрос ко времени, — сказал Алексей Иванович горько, — но жизнь моя еще не кончена, хоть вам и кажется, что я старик. Вы знаете, сколько мне лет? Мне сорок два года. О, если бы мне было столько, сколько вам, все было бы по-другому, поверьте, — не стал бы я сейчас с вами разговаривать. Я бы сломя голову кинулся наверх, узнать: не уехала ли она с ним, — а я, как видите, никуда не кидаюсь и слушаю вас, и отвечаю вам, и даже в душе решаюсь, вот в эту самую минуту, на действия огромной важности, огромного для себя значения. И только теперь (и, заметьте, достаточно медленно) иду туда.

Может быть, это и значит, что я старик? Нет, это значит что-то совсем другое…

Он и правда не спеша открыл дверь и пошел к лестнице.

Вася встал и, мало что соображая, неуверенно пошел следом за ним.

Он не мог остаться. Он поднялся по лестнице за Алексеем Ивановичем, и любопытство его было так сильно, что он, дойдя до верхней площадки, даже задал вопрос: куда Шайбин пошел и что все это значит? Шайбин не оглянулся на него. Дойдя до Нюшиной двери, он остановился и постучал. Он знал, что делает это по какой-то жестокой необходимости, — беспокойства он не чувствовал. Никто не ответил на его стук. Ключа в замке не было. Может быть, он все-таки в душе желал, чтобы она осталась здесь, чтобы она не уезжала с Ильей? Нет, этого желания в нем не было. Нюша более не принадлежала ему — с нею было покончено. «Нет в тебе любопытства ко мне», — после таких слов люди уже не сходятся.

Он опять постучал. Было ясно — она уехала. Значит, любил ее Илья, если увез, значит, все кончилось так, как должно было кончиться. Значит, себе он ее оставлял и не давал ее Алексею Ивановичу, как самый обыкновенный, как самый рядовой соперник. Нет, не может этого быть! Он не увез ее… Может быть, она поехала за ним? Безответно уцепилась за него? Бедная Нюша!

Он затряс дверь. Никого. Ничего. Лучше бы ей все-таки было остаться здесь. Ну куда ей работать в поле? Разве она Марьянна, чтобы работать в поле? Пусть бы она осталась здесь — найдется ей и здесь кто-нибудь. А там уж предоставьте царить одной Вере Кирилловне, пусть хоть там не будет этого вечного беспокойства, этой неверности, этого плена. У Веры Кирилловны. Подле Веры Кирилловны.

Шайбин стоял в такой задумчивости, что Васе показалось на этот раз, будто Алексею Ивановичу дурно. Тогда же пришлось ему впервые увидеть ту короткую, ужасную судорогу, сведшую Шайбину лицо, которую до этого Шайбин тщательно скрывал от него, как и от других. Васе показалось, что Алексею Ивановичу дурно, что ему необходимо помочь, но он не знал, как утешают людей, да еще сорокалетних мужчин с загадочным прошлым — для Васи прошлое Алексея Ивановича было вполне загадочно. Берут ли их за руку и отводят куда-то, или приносят им воды, или, наоборот, делают вид, будто ничего не замечают в их состоянии?

Проходили минуты, Шайбин все стоял у двери. В гостинице было тихо, не такое было время, чтобы шуметь, люди, что проживали здесь, ложились поздно, и от алкоголя сон их к утру становился особенно крепок. Вася все стоял подле Алексея Ивановича. Он спросил, верно уже не в первый раз:

— Кто здесь живет?

Шайбин опять не ответил, но из противоположной двери высунулась растрепанная голова Наташи. Кратко взглянув на стоящих в коридоре, чтобы сейчас же опустить заспанные глаза, Наташа прикрыла вспухшее лицо рукой и, зевая, сказала:

— Что вы шумите, как баре! Она, может быть, у Мерички, в номере сорок первом, — и тотчас закрыла дверь.

Но Алексей Иванович и не оглянулся на нее — он быстро прошел в глубь коридора.

Когда Нюша появилась в дверях в Меричкином капоте, который был ей длинен, с лицом испуганным и розовым от сна, Шайбин почувствовал, что Илья значит в его жизни слишком много. Нюша была здесь, она не ухала с ним — нет, Илья не обманул его, пока Шайбин спал, приняв свои порошки!

Он взял ее за руку, которую она сначала ни за что не хотела ему дать, и почти насильно вывел ее из комнаты в коридор.

— Так ты не ухала с ним? — спросил он, и доля злой радости за свободу Ильи была в его словах. — Он не взял тебя и уехал?

— Я знаю, что он уехал, — сказала она, робея. — Оставь меня, ты с ума сошел.

— Я оставлю тебя, но здесь Вася, смотри, Василий Степанович! Почему он здесь? Ты что-нибудь понимаешь?

Нюша обернулась, глаза ее расширились.

— Боже мой, — воскликнула она, — зачем вы здесь? Я послала его, чтобы он успел удержать вас... Вы разминулись!

121

Шайбин и Вася в одинаковом удивлении стояли перед ней, а она все ломала свои тонкие руки. У нее хватило мужества прикрыть Меричкину дверь и выйти на середину коридора. Она не спускала глаз с Васи, словно все в нем было ей до боли любопытно и близко ее касалось. Она вошла к себе и позвала его за собой, и он молча послушался, пригнув голову к груди, не зная, куда девать руки.

Когда Шайбин услышал голоса в Нюшиной комнате, он почти бежал от них. Нюша говорила громко, с какой-то необычайной твердостью, и звук ее голоса догнал Алексея Ивановича на лестнице.

— Я должна вас предупредить, что это я услала Илью Степановича сегодня утром, — говорила Нюша. — У меня была надежда, что он застанет вас, ведь телеграмму Адольфа вы еще не могли получить, ту, что была послана вчера вечером от имени Ильи! Ах, Илья решит, что это я нарочно отправила его, чтобы облегчить Адольфу вашу отправку в Россию!

— Я ничего не понимаю, — сказал Вася в раздражении, — вы знаете всех: и Илью, и Адольфа, и Алексея Ивановича, но телеграмма была от третьего дня и я ее спокойно получил. Я думаю, что нам и говорить-то с вами не о чем.

— Они послали ее в субботу! — воскликнула Нюша. — Они через меня услали Илью Степановича!

— Я уйду, если вы мне не скажете, при чем тут вы.

— Мне нет времени рассказывать вам, кто я такая. Вы понимаете ли, что значит для меня, если Илья решит, что я его услала с целью? Что я держу руку Келлермана?

— Нет, не понимаю.

— Молчите! Боже мой, как вы не похожи на него. Вы должны сейчас же ехать обратно, слышите? Я дам вам денег.

— Мне обратно ехать? — изумился Вася. — Да вы что, в уме?

Он видел в Нюше какую-то сумасшедшую, которая вдобавок мешается не в свое дело.

— Я-то в уме! — вскричала Нюша, заливаясь краской. — Да вы не в уме, вот что! Куда вы едете? Вы знаете, что такое Адольф?

— Еду я в Россию, оттого, что здесь больше не могу, — произнес Вася хмуро.

— А там что же?

— А ничего. Вероятно, плохо, да зато свободы меньше. Не знаю, что здесь с собою делать.

Нюша поглядела на него и в глазах у нее встали слезы.

— Бедный мальчик, — сказала она (Вася досадливо покраснел).

— Месяц тому назад и я, может быть, с тобой поехала бы! Пропадешь ты там, вот что.

И Вася не ответил; он сидел в кресле, том самом, где третьего дня утром сидел Шайбин, — другого, впрочем, в комнате и не было. Нюша подошла к нему близко, близко так, что ее колени пришлись между его колен.

— Милый, — сказала она со слезами в голосе, — не уезжай!

Он испугался, что она вот-вот дотронется до него нежной рукой, до него, до грубой куртки, пролинявшей под мышками, увидит его, может быть, не совсем чистую шею.

— Милый, — повторила она, — тебе не надо ехать, возвращайся к маме, Ильюше. Я-то знаю: другой дороги тебе нет.

Вася грубо отодвинулся от нее.

— Оставьте меня в покое! — пробормотал он. — Чем вы, собственно говоря, занимаетесь? — и он усмехнулся.

Она не сводила глаз с него, она присела на стол и положила руку ему на широкое плечо.

— Нет для вас другой дороги, как всем под крылышко к Вере Кирилловне, — сказала она с мукой, и вдруг слезы побежали у нее по лицу. — Ты даже не знаешь, зачем ты бежишь от нее. Я письма твои к Адольфу читала, я мечтала о тебе, думала: вот еще один, который, может быть, меня с собой возьмет. А теперь — нет! Слышишь: некуда бежать тебе из дому. Я тебе денег достану. Мама ждет тебя.

Она, не таясь, плакала и не вытирала слез. Вася не знал, как ему быть, он решил еще раз попытать грубости.

— Вы могли бы, кажется, чужих писем не читать. Мне не

десять лет, чтобы меня Верой Кирилловной стращать… И на ты я с вами не переходил.

— Что ты! Господь с тобой! Разве я стращаю? Я говорю с тобой, как мог бы со мной Илья говорить: послушайся меня, поверь мне. Не можешь?

Васе делалось жарко; он все более отворачивался от Нюши.

— Что бы ты ни хотел, я все сделаю, — говорила она, — ты Адольфа и не увидишь: сегодня же вечером посажу тебя на поезд, билет куплю… Хочешь, я поцелую тебя? — сказала она вдруг совсем тихо и печально, ища рукой его руку. — Хочешь, сегодня вечером приходи ко мне?

Слезы лились у нее из глаз; она сжимала его пальцы и робко смотрела на него. В это мгновение Вася почувствовал, как сердце его на секунду остановилось. Где, где и когда чувствовал он в руке вот такие нежные и прохладные пальцы?

Возможно, что это было во сне, и сон этот был не столь давним, где голос Ильи и хруст конверта огромной важности заставили его дрожать от ужаса и стыда. И тогда точно так же руку его поймала чья-то маленькая рука. О, как сладостно, как дивно было это прикосновение! И каким неповторимым казалось оно!

Он повернул лицо к Нюше, не зная, как взглянуть ей в глаза.

— Вы плачете? — сказал он, чтобы что-нибудь сказать в смущении, которое его душило. — Я уйду лучше, я приду потом; попозже, когда вы успокоитесь.

Она выпустила его руку. Он встал, но как мог он уйти вот так, после того, что она ему сказала? Или у нее вовсе не было стыда?

Она посмотрела на него твердо, и глаза ее были сухи.

— Уйдите, вы правы, — сказала она, — уйдите, думайте о том, что я вам сказала. Впрочем, вы и без того будете думать обо мне.

Она отперла дверь, и он понял, что она требует его ухода. Покраснев густо, так, что только узкая полоска у воротника осталась белой, Вася вышел. После него в комнате остался странный в городе запах сна и дегтя.

Если бы он оставался еще минуту, с Нюшей бы наконец приключилась давняя, бешеная истерика. Но истерике нужен зритель, как это ни унизительно признать, и Нюша смогла только кинуться молча поперек постели, растрепав негустые, легкие волосы.

Чем же наконец могла она оправдать себя в глазах Ильи? Ей оставалось одно: вернуть ему Васю во что бы то ни стало. Пусть хоть на это пригодится ее бедная, беспомощная душа. Вчера, когда она в последнем телефонном разговоре навеки рассталась с Адольфом, когда, думая искупить свои с ним отношения, она предала его и услала Илью, она уже понимала, что единственное, что должно быть сделано, это чтобы Вася остался. Сейчас, как казалось ей, не все еще было потеряно. О, она удержит его, она до самого вокзала поедет за ним и, если надо, побежит за поездом. Больше ведь на всем свете не оставалось у нее никого.

Шайбин? Но ведь это было то же, что она сама. Она когда-то так и сказала ему: ты моей душе брат, ты в такой же тьме, как и я. И это была правда. Она чувствовала его тревогу, его страдания, как свои, а тревога эта с каждым днем увеличивалась все сильнее и совершенно замучивала ее. Когда же и каким путем, наконец, должны были наступить предсказанные Ильей сроки?

День этот для многих из наших второстепенных, а то и третьестепенных героев оказался далеко не пустым. Так, например, в этот день получилась в Москве телеграмма (правда, к вечеру), что Горбатов-младший благополучно прибыл в Париж и завтра отправляется дальше.

Что касается господина Расторопенко, то и он, и все его (в количестве тридцати двух мужчин и пяти женщин) стали, как говорится, увязывать свое барахлишко и спешно сдавать работу, если у кого таковая имелась, с тем, чтобы ехать в пятницу, как только получатся деньги и бумага о льготном проезде, чтобы уже не проживаться зря. В тех краях, куда должны были они ехать, или, точнее, поблизости от тех краев, а именно на ферме Ильи Горбатова, этот понедельник также оказался не окончательно безмятежным: в этот день Марьянна

125

решила не шить себе голубое платье к Рождеству, а сшить прямо белое, подвенечное, которое потом, к весне, можно будет перекрасить, — и Вера Кирилловна была с ней от души согласна. Кроме того, внимание их обеих, особенно Веры Кирилловны, было обращено на слепого, которого в самый ужин привезли на телеге из Л., порядком его растреся, и который пребывал в забытьи. В бреду он два раза вспомнил о Васе и спросил, между прочим, отчего он его до сих пор не видал. До вечера Анюта проплакала, не отходя от старика, а на следующий день она оказалась свидетельницей дотоле невиданных ею вещей. Но об этом предстоит нам рассказать несколько позже.

Нюша в этот день попросила Меричку побыть с нею. Из мыслей не выходил у нее Вася и его путешествие. И вместе с тем она боялась остаться одна, боялась с ним встретиться: для того и не отпускала она Меричку, что опасалась его прихода — минутами ей казалось, что ей необходимо выслеживать каждый его шаг, минутами — что ей не должно быть дела до этого грубого, неуклюжего парня. При Меричке, по крайней мере, не могло быть речи, чтобы с ним встретиться: Нюша от стыда сгорела бы за короткие рукава Васиной куртки, за его голубой галстук. Когда она вспоминала этот невыносимый небесный цвет, она чувствовала к Васе настоящую злобу.

И все-таки — он был единственное, что еще оставалось у нее в мире, в целом мире, где она жила и мучилась. Ночью, когда вернулась она домой с Бертой и Наташей, ей показалось, что зайти к нему, к спящему, и остаться с ним до утра — значит удержать его в Париже. Но этот способ не был прочен — это она сознавала, — этот способ был самым постыдным из всех — у нее никогда не хватило бы мужества сознаться в нем Илье. «Найдите последнего из всех последних», — так сказал он ей. Но ведь не придя к Васе ночью и не оставив его при себе насильно?

В тот самый час, когда в Москве получилась телеграмма, Вася стал под окнами Келлермановой квартиры, без шапки и пальто, в той роскошной, пустынной улице, которая нами уже была однажды описана. То, что Нюша так подробно знала всю его, Васину, историю, то, что ее занимала его судьба — судьба какого-то «недоросля» (это слово тайно даже пришлось ему по вкусу), уезжающего к отцу в Россию с помощью школьного товарища, пробудило в нем с первой минуты любопытство. Любопытство это помогло Васе решиться отправиться к Келлерману. Но он простоял около часу у дома напротив (так, что его, конечно, хорошо видели из окон бывшей квартиры господина де R), и когда вошел, наконец, в дом, швейцариха поспешно заявила, что дома никого нет, что подниматься и беспокоиться ему незачем.

Но зачем, собственно, пришел он и стал, как был, напротив этого дома? Любопытство на самом дне его души постепенно переходило в трепет. Один вопрос встал там, как итог всех разговоров, бывших некогда с Ильей, вопрос давно и полусознательно родившийся, но заглушенный Васей от невозможности разрешить его. Появление Нюши опять заставило его задуматься. Вопрос этот был: неужели, кроме Степана Васильевича Горбатова, Вася Горбатов еще кому-нибудь нужен? Неужели отъезд его важен не только для него и отца его, но и для других каких-то людей, которых он не знал и не хотел знать?

Он долго не ложился в этот вечер и слышал, как вернулся Шайбин (он уже знал, что они соседи), как умывался и как долго ворочался в постели. Потом Вася заснул в изнеможении от проведенного в городе и без особого смысла дня. Его разбудила горничная: был первый час дня. Верхняя барышня спрашивала: не хочет ли мосье подняться на минуту? Вася подумал и сказал, что не хочет. Больше всего он боялся, что Нюша опять предложит ему себя — это было ему совершенно невыносимо. Все, все, от самого его сна о ней, было тайной, за которую (еще и не зная Нюшу вовсе) он уже был готов бороться. Он знал, он помнил всегда, что это легко даться не может, иначе и счастья нет. И вдруг она сама призывала его, сама давалась ему. Он закрыл глаза, он холодел. От стыда он не мог двинуться.

Он пролежал часов до двух и тогда только отправился по городу. Он зашел в магазины, он дважды съел у цинковой

127

стойки жесткий бутерброд с зеленоватой ветчиной. Вернулся домой к шести, усталый, грязный — он со вчерашнего дня не умывался. Адольф вошел к нему, не постучавшись, как старший, как хозяин.

В Адольфе теперь была уже явная развязность и та непринужденность, которая дается большими и легко нажитыми деньгами, дорогим бельем и полной свободой. Он попросил Васю громко на вокзале не разговаривать — как всегда, будет много сыщиков, и не надо, чтобы они обратили на них излишнее внимание. Вася присел на постели. Ему хотелось узнать по глазам Адольфа: знает ли тот, что Вася приходил к нему вчера? Но глаза Адольфа бегали.

— Скажи, не лучше ли написать отцу, чтобы меня встретили? — спросил Вася. Сыщики опять напомнили ему тот давний вопрос, который его мучил.

— Написать? Какому отцу?

— Степану Васильевичу. Или телеграфировать.

— Ах, да! Будет сделано, если хочешь.

Нет, из этих слов ничего нельзя было понять.

Вася вышел — это Адольф вывел его. Итак, он уезжает не простясь с Нюшей, а может быть, она-то и знает, зачем он едет и кому он нужен? Слишком многое она знала! Но робость, неловкость не дали ему увидеть ее еще раз.

Странные люди окружали отъезд Васи. Часть поезда шла до Варшавы, другая до самой границы государства Российского. Négoréloé как было написано на вагонах. В первых двух классах, где ехал и Вася, были почти все поляки с багажом превосходной отделки, с молчаливыми, ленивыми женщинами, еще задолго до отхода поезда откупорившими сласти. В третьем классе, как всегда, народ был куда пестрее: там, во-первых, ехали два молодых православных дьякона, подвязавших косички, гремевших в окне эмалированным чайником. Они, видимо, приезжали в Париж гостить и теперь возвращались в свой приход, в далекий польский уезд. Тут было много женщин; в платочках, преимущественно молодых, некоторые кормили грудью. В предчувствии ночного путешествия начинались неторопливые разговоры.

У Васи вместо багажа была небольшая, чрезвычайно скрипучая корзинка, удивительно недостойно выглядевшая на полке рядом с барскими погребцами и несессерами поляков. Ему, прежде всего, предстояло замерзнуть сейчас же после Берлина, если не раньше. На оставшиеся деньги он купил себе, кроме этой самой корзинки, еще белья и носков, больше ничего не пришло ему в голову. У него оставалось около полутораста франков, он не знал: хватит ли ему этого на билет от границы до Москвы? Эти деньги были спрятаны в старый холщовый кошелек.

Адольф то и дело поглядывал на часы — для этого надо было отходить несколько шагов в сторону от поезда — они висели над входом в зале первого класса; тяжелая стрелка не двигалась полную минуту, затем одним скоком переносилась на следующее деление гигантского циферблата и несколько мгновений еще содрогалась, словно приходя в себя от напряжения.

Провожающих было немало. Да были ли это провожающие? Кое-кто сновал с озабоченным видом, добегая в усердии своем до самого вагона-ресторана, где в тонких, но устойчивых вазах увядали прозрачные цветы, где сияли тарелки с огромными вензелями, где лакей-итальянец засовывал между стаканом и солонкою блестящий бристоль франко-польского меню.

Из этих снующих один, впрочем, слишком близко останавливался от Адольфа. У него не было ни высоко поднятого воротника, ни особенно глубоко надвинутой шляпы. Это был так себе человек: в правой руке он держал небольшой пакетик, и, если бы не скрипучие башмаки, Вася вовсе не обратил бы на него внимания.

Нюша бежала по перрону, словно боялась не успеть, хотя до отхода поезда оставалось двадцать две минуты — Адольф только что взглянул на часы. Шуба ее на этот раз была вовсе не застегнута, и короткое, широкое платье завивалось вокруг колен. С зонтика ее текло — опять шел дождь в этом осеннем городе! Она бежала, вглядываясь в каждого, кто стоял у вагонов, вглядываясь в окна вагонов, и глаза ее бегали на растерянном, бледном, ставшем вдруг некрасивом лице.

Первым она заметила Адольфа, его нельзя было не заметить — на его широкие штаны поглядывали многие. Он помахивал бамбуковой тросточкой и блистал черными очками. Она увидела его, и мысль, что он будет свидетелем ее возможной победы, закружила ей голову. Она подбежала к Васе — он не узнал ее в уличном наряде.

— Зачем я здесь? — спросила она, запыхавшись, не то самое себя, не то Васю. — Вы, может быть, в душе смеетесь надо мною, Василий Степанович? Вчера вечером вы не пришли ко мне, а мне показалось слишком грубым, слишком откровенным прийти к вам. Зато сегодня вы прямо отказались, когда я послала за вами, — и я весь день не знала, что думать. И вот, я все-таки здесь, и здесь мне не стыдно разговаривать с вами — и в особенности при нем, — она глазами показала на Адольфа.

— Я не провожать вас приехала — много чести! Я вас увозить приехала. Стойте, не мешайте!

Это почти крикнула она Адольфу, который успел схватить ее повыше локтя.

— Убирайтесь вон, — сказал он, краснея, — вы сошли с ума.

Она вздернула плечом и сильно рванулась от него. На знаменитой кротовой шубе остался след — лепесток тонкого мха оторвался и упал на асфальт платформы.

— Ах, Господи, да этот, кажется, драться готов! Вы знаете, почему я за вами, как дура, прибежала? Я все сомневалась, до последней минуты сомневалась, вы ли это, Василий Степанович, тот самый, который… Нет, не могу вам объяснить сейчас, после скажу. И вдруг что-то прямо укололо меня: вы! И я все забыла, забыла, что вам девятнадцать лет и что у вас этот отвратительный голубой галстук, над которым будет смеяться Меричка. Слушайте меня!

Вася с невыразимым чувством смотрел на нее. Пересохший рот его был полуоткрыт.

— Илья для того и уехал, чтобы сказать вам: не так себе, милый, едешь и вообще-то в жизни мало что «так себе» бывает.

130

Илья бросился за вами потому, что думал, как и я, что телеграмма только в понедельник вечером придет — это вот он так сказал мне, он, подлец, солгал, а я еще раз поверила, — она всей рукой показала на Адольфа, и тот покраснел еще больше прежнего, и видно было, как внезапно он зажал в руке (в замшевой перчатке) легкую свою трость. — Илья бросился за вами — а вы оказались здесь, вы едете… куда? К кому? Вы врете, что вас папаша ждет? Да что вы в самом деле думаете — нужны вы ему?

Адольф слегка замахнулся тростью, но не слишком, чтобы не обратить на себя внимание других провожающих, словно он в шутку стоит и помахивает ею, стоит себе и помахивает.

— Убирайтесь вон, — сказал он опять, нижняя губа его прыгала, — все, что вы ни скажете, — вранье и гадость.

Вася стоял в каком-то оцепенении. «Вот еще минута, — пронеслось в его мыслях, — и я узнаю все, и впервые в жизни моей представится мне случай быть решительным, быть честным».

— Ложь? Гадость? — прошептала Нюша, и слезы блеснули у нее из глаз, но она не дала им упасть. — Василий Степанович, этот подлец на службе у собственного отца, вся будущность этого кораблестроителя обеспечена, если вы сейчас уедете. Деньги, которые вам дали, думаете, отец их вам прислал? Стойте! Нет никакого Степана Васильевича Горбатова!

Вася ринулся к ней.

— Что вы говорите, не может этого быть! — вскричал он, ловя ее за руку.

— En voitures! — прозвучало где-то далеко, у самого товарного вагона. — En voitures! En voitures! — повторилось ближе и еще ближе. Захлопали тяжелые двери.

Адольф не двинулся. Что делалось в глазах его, за черными стеклами, никто не видал.

— Ну, довольно, — сказал он раздельно, — полезай в вагон, не то корзинка твоя уедет.

Вася повернул к нему искаженное лицо. Он весь собрался в до сих пор неведомом душевном усилии. Это мгновение для него было так ярко, так остро — оно вылилось в два слова, которые он едва не выкрикнул во весь голос: я живу!

То, что совершилось внутри него, — он не знал этому названия, он и не старался найти нужные слова, чтобы высказать то, что жгло ему душу. Он преодолел это трудное, это счастливое озарение, лицо его вновь приняло прежний, лишь несколько возбужденный облик. Он увидел Нюшу, и то, как слезы текли у нее по лицу, и то, как они капали ей на руки. И переспрашивать о чем бы то ни было показалось ему невозможным.

— Как-нибудь увезите меня отсюда, — сказал он ей.

С грохотом заперли дверь за его спиной, долгий свисток, от которого перед глазами идут красные круги, задрожал в воздух. Колеса двинулись.

Спешно настраивался многопудовый, стальной оркестр — спешно строились музыканты. В каждом окне кто-то взмахнул белым платком, каждому кто-то ответил. Вагоны, подрагивая, постепенно находили свой ритм в общей мелодии.

С диким жужжаньем на стрелках пронесся поезд мимо депо; он свистнул еще раз и отрыдал долгим, колеблющимся ревом. И во мраке, сыром, осеннем, над тусклыми рельсами, остался на долгую минуту маленький, красный огонь.

Адольф стоял ровно столько, сколько стояли все. Он со всеми вместе смотрел вослед, пока след не пропал среди десятка других огней, красных, зеленых и желтых. Рядом ревел поезд, пришедший из Калэ, носильщики орали, гремели железными тележками.

Когда все пошли к выходу, пошел и Адольф, чтобы ни в коем случае не отстать от других. Он старался идти в ногу с теми, что шли рядом с ним, но всей спиной чувствовал на себе чей-то взгляд. Он чувствовал его затылком, плечами, поясницей, словно его прокалывали; он изо всей силы старался не спешить. С какой-то нарочитой ленцой прошел он широким коридором и лестницей, вышел на площадь. Он сразу увидел, как, наконец найдя автомобиль — пассажиры из Калэ расхватывали их, погода этому способствовала, — Нюша и Вася усаживались, шофер лениво опускал счетчик. И в эту самую минуту Адольфу перестали смотреть в спину: рядом с ним скрипнули башмаки, и человек с пакетиком, покачав головой и подмигнув одновременно, побежал по лужам к станции метрополитена.

Автомобиль, отъехав от вокзала, завернул в улицу, и стекла тотчас же замутились от дождя. Внутри были сумерки, сырость, бензин. Изредка сквозь эти сумерки хлестал широкий и быстрый луч бегущего навстречу фонаря, и тогда он заодно пробегал и по Нюше, по ее открытой шее, по рукам и даже по светлым чулкам.

Вася, не глядя, почувствовал, как проходят по ней мимоскользящие светы, и искушение увидеть ее, взглянуть на нее в упор стало непреодолимым. В этом искушении было для него столько подлинного блаженства, что он сперва медленно перевел глаза на ее маленькие, тесно одна к другой прижатые ноги, на ее колени, обтянутые короткой шубой, на ее руки в лайковых перчатках. Он задержался на несколько долгих, бесконечно счастливых секунд где-то возле распахнутого ворота, между клетчатым платком, тенью платья и нежной шеей и, наконец, взглянул ей в лицо.

— Поцелуйте меня, — сказал он вдруг неожиданно для самого себя, замирая от страха и осторожно касаясь пальцем ее разорванного рукава.

Она обернулась к нему, удивленно и сурово посмотрела на него.

— Вы работать умеете? Что вы делать можете?

Он не спускал с нее светлых, блестящих глаз.

— Я спрашиваю: чем вы заниматься собираетесь? Вам завтра же нужно найти работу.

— Я найду. Я на завод пойду. Мы переедем из вашей гостиницы, — он задохнулся.

Они теперь стояли на перекрестке, под палочкой городового.

— Поцелуйте меня, — сказал он опять, не помня себя, — посмотрите на меня.

Он не знал, как ему быть; он протянул руку и, словно ожегшись, дотронулся до ее перчатки.

— Вы сегодня же вечером найдете другие комнаты, я вам скажу, где искать.

— Другую комнату.

Он придвинул колени к ее коленям — и вдруг почувствовал, что больше слов не должно быть произнесено. Из чувства противоречия и от чудовищного смущения он еще сказал:

— Снимите перчатку.

— Снимите сами, — прошептала она совсем тихо.

Он еще обнимал ее, когда автомобиль остановился у подъезда гостиницы.

Лестница делала крутой поворот влево к первому этажу, каждая морщинка пыльного ковра, каждое пятно ободранной дорожки были Нюше знакомы. Рожок освещал лестницу светом напряженно, красным, надпись о том, что надо вытирать ноги, оставалась в тени при этом освещении. Алексей Иванович Шайбин медленно, словно ощупью, сходил вниз — было время обеда. На нем была шляпа и непромокаемое пальто — плачевного вида. Лицо его, под полями несколько шире обыкновенного, было рассеянно; он спускался прямо на Васю, крепко держась за перила — у него была такая привычка.

Лицо его было неясно видно из-за полей шляпы и скудного света лампочки, но во всей высокой, до сих пор еще очень стройной, несмотря на незначительную сутулость, фигуре было выражение безразличия ко всему окружающему и сосредоточенности на самом себе. И правда, просидев час над планом города Парижа (Бог весть, откуда он добыл этот старый, прозрачный на сгибах план), он имел право на подобное выражение.

Он приподнял шляпу — и в этой вежливости было опять-таки что-то новое и даже высокомерное. Васю он на этот раз узнал, едва его увидел. Нюша оставалась еще внизу.

— Вы, кажется, собирались нынче куда-то ехать? — спросил Шайбин с чрезвычайной сдержанностью. — Или вы раздумали?

Вася прошел мимо него и вдруг покраснел.

— Нет, вы ошиблись, — сказал он, теряясь, — я никуда не еду.

Шайбин в эту минуту встретился глазами с Нюшей, и глаза Нюши поразили его. Он увидел ее другой, совсем новой, чужой, с заплаканным лицом (при нем она никогда не плакала), с губами, с которых беспомощно сошли румяна. Ему показалось, что она хочет подать какой-то знак: она двинула бровями, быстро показала ему на Васю. Не хотела ли она сказать Шайбину: молчи! не расспрашивай! У нее в это время был такой вид, будто она приглашала Алексея Ивановича быть с ней заодно.

Он посторонился. Она прошла.

Он надвинул шляпу на глаза и снова взялся за перила. «Она вернула его», — прошла в нем первый раз за долгое время ясная мысль. «Теперь время исполнить наконец то, что остается».

И он в задумчивости вышел на улицу.

Автомобиль еще стоял у подъезда. Шофер не спешил, дождь все усиливался. Шайбин открыл дверцу (о, у него еще оставались кое-какие деньги!). Он вдохнул в себя остаток Нюшиных духов, это было ее с ним прощание! И, вынув из кармана пиджака обрывок газеты и осторожно обращаясь с дверцей, чтобы, Боже упаси, не задеть кого из проходивших по тротуару, он явственно прочел шоферу адрес господина Расторопенко.

Машина легко откатила от подъезда, и так как улица была слишком узка, то, чтобы повернуть, пришлось проехать несколько дальше, домов шесть, в направлении кладбища, и уже потом свернуть вниз, к широкому бульвару.

ГЛАВА ВОСЬМАЯ

Как только начало светать и полнеба стало розовым, Марьянна толкнула коленом дверь сарая и вышла во двор. Петухи горланили не переставая. Она провела рукой по лицу, детски заспанному и недовольному, и осмотрелась. Чердак был закрыт. Так она и думала! Илья вернулся, и хорошо, что она не улеглась вчера вечером в Васину постель.

На этот раз она даже не смогла разлечься на полу, подле Веры Кирилловны, как было в ту ночь, когда у них ночевал Шайбин: на полу уложили Анюту, а ее, Марьяннину, постель опять вдвинули в кухню: на ней, верно, всю ночь кашлял и стонал слепой странник и молился в жару глухим, рыдающим голосом.

Марьянну в сарае искусали блохи; спала она на сене, и, хотя Вера Кирилловна и говорила, что в далекой молодости, в Новгородской губернии, ей пришлось не раз ночевать на сеновале, будучи еще курсисткой, Марьянна была недовольна: люцерна наполовину была перемешена с соломой, солома кусала Марьянне ноги, грудь; в середине ночи ей пришлось одеться и спать в платье.

Она подошла к крану во двор, пустила крепкую струю и, отбежав, пока застоявшаяся вода схлынет, разделась догола и тогда уже несколько раз быстро облилась с головы до ног из маленького ковша, висевшего тут же. На ветру она высохла, накинула рубашку, платье и фартук и, повязав голову чистым носовым платком (соломенная шляпа ее с вечера оставалась в доме), прошла к птицам.

Куры просыпались, вставало солнце. Марьянна рассеянно высыпала им горсть зерен у входа в курятник, собака ходила вокруг нее — она уже знала: сейчас пойдут к коровам. Марьянна ополоснула подойник — дойных коров было три.

Им было тесно в этом влажном, темном тепле. Теленок жался к животу рыжей в пятнах матери. Марьянна тянула за доенки, молоко пенилось. Далеко, со стороны старой фермы, прозвучал долгий рожок пастуха.

Стадо шло издалека, забирая по пути скотину на фермах. Две собаки — кобель и сука — понуро шли под хвостами последних коров. А шагах в двадцати величественно выступал пастух с газетой в руке.

Илья увидел, как вышли коровы, как Марьянна, закинув голову и слегка расставив руки, смотрела им вслед, пока и он, и газета в руке пастуха не скрылись на дороге. Он спустился вниз, умылся, выпил молока и съел хлеба, принесенного Марьянной из кухни. Они поговорили о том, о сем, о Васе, о господине Жолифлере… О лиловом мыле не было сказано ни слова. Марьянна прошла в огород.

Здесь, наконец-то, надо было доделать работу, начатую еще в четверг вместе с Васей. Капусту надо было пересадить заново, ту, что посадили летом; нужно было выполоть цветную и, несмотря на вчерашний дождь, снова полить ее, пока солнце было еще низко; кроме того, пора было садить шпинат и сельдерей и собрать позднюю свеклу, морковь и последние, тяжелые, лопающиеся от спелости помидоры.

Через неделю, или около того, должна была Марьянна начать перекапывать добрую половину огорода. Через неделю вообще должны были начаться великие труды. Илья выйдет в первый раз на свою полосу сеять пшеницу. Он выйдет со своим, давно закупленным зерном, по сто шестьдесят килограмм на один гектар, он будет сеять рукой, хотя прежний хозяин и предлагал ему сеялку, как в прошлом году, когда Илья еще был испольщиком и сеял для него овес. Сеял он овес не на этом месте, а рядом, а на этой полосе было обыкновенно картофельное поле. А теперь, в будущем августе, у Ильи будет свой хлеб: он говорит, что, по всей вероятности, снимет урожай сам-двадцать, да еще соломы возьмет по пять тысяч килограмм с гектара. Сорт пшеницы, который выбрал Илья, между прочим, называется «добрый фермер».

Марьянна часа три проработала над грядами. Илья давно запряг волов, нагрузил воз рыхлым, колючим навозом и выехал в поле. В доме постепенно раскрылись окна, Анюта вышла на крыльцо, заплаканная и молчаливая. Вера Кирилловна принесла дров, затопила плиту, заглянула к птицам; потом вынесла из-под крыльца ведро и, увидев в огороде Марьяннино черное платье, сама замешала пойло свиньям.

Солнце теперь было уже высоко. День начинался в золоте и блеске, привычных Марьянне. Раза два сходила она за водой, погремела лейкой у крана. Наконец в лице ее появилось явственное нетерпение. Она бросила все и потихоньку, под самыми окнами дома, прошла за сколоченный из досок временный свинарник. (Свиньям там было тесно, они всегда шумели; «нестройные какие-то у нас свиньи», говорила тогда Марьянна.)

За свинарником, неподвижно вытянувшись, молча стоял Габриель.

— Ты здесь? Что же ты молчишь? — обиделась Марьянна.

— Боялся, помешать боялся, — пробормотал он робея.

— Что с тобой?

Он взглянул на нее сверкающими глазами.

— Ты теперь невеста моя…

Они с минуту не могли оторваться друг от друга, она совсем повисла у него на шее.

— Почему вчера не пришел? — спросила Марьянна задохнувшись. — Обманщик ты.

— Не мог, к портному водили. Марьянна, свадьба скоро!

— Не раньше января. Так порешили в воскресенье.

Он опять прижал ее к себе так, что у нее сплющился нос об его свежую, прохладную щеку.

— Но до того?

— Что до того?

Он покраснел, отвел глаза и вдруг увидел на крыльце куртку Ильи.

— Илья вернулся? Где он?

Марьянну он выпустил, и она рассмеялась так громко, что ей пришлось закрыть рот рукой.

— Где ж он? Что ж ты хохочешь, глупая?

Марьянна пополам перегнулась от смеха.

— Да на ком ты женишься, на мне или на нем? В поле он, в поле, с волами, с навозом…

Он несколько мгновений стоял озадаченный и ждал, пока

138

она кончит смяться. Она умолкла внезапно и, испуганно выглянув из-за свинарника, убедилась, что никого поблизости нет.

— Слушай, — сказала она быстрым шепотом. — Я приду в рощу ночью, но только когда не будет луны, понял? Да не стой так, будто я уже пришла, обними меня! Я приду не потому, что ты хочешь, а потому, что я сама хочу.

И она, еще раз прижавшись к нему, убежала.

Он постоял еще немного, за досчатой перегородкой возились свиньи. Потом сердце его стало биться ровнее, он стал дышать не так шумно. Осторожно вышел он к большому клену на меже — ему показалось верхом неприличия попасться на глаза Вере Кирилловне. Там он подумал с минуту, ничего вокруг себя не видя, потом пришел в себя, сделал из ладони щиток от солнца, пристально вгляделся в даль и уверенно пошел в сторону недавно вспаханного картофельного поля. И, издали завидев Илью, он почувствовал вновь такой порыв счастья, что изо всей силы сдержал себя, чтобы не кинуться навстречу.

В доме Веры Кирилловны тем временем Анюта на табурете у плиты стирала свою пеструю юбку. На ней была рубашка Марьянны, доходившая ей до пят. Она осторожно водила руками в мыльной пене, она была причесана на две косы — так причесала ее Вера Кирилловна; ее босые ноги были уже не черны, а розовы, и большие беспокойные глаза то наливались слезами, то блистали восторгом и удивлением.

Изредка бросала она сверкающий взгляд в дальний угол, где лежал слепой. Он лежал на спине, руки его были вытянуты поверх байкового одеяла, рубаха расстегнута, и каждому ясно были видны два рубца подле левой ключицы, два белых пятна на темной, впалой груди.

— Дедушка, дай я доктора тебе позову, — шепнула Анюта звонко, — дай позову, дедушка, голубчик. Ты сразу здоровым станешь.

Слепой шевельнул рукой и разомкнул запекшиеся губы.

— Водицы бы, — проговорил он тихо, но раздельно.

Анюта подала ему кружку, стоявшую подле него.

— Это ты, девочка? — сказал он едва слышно. — Пойду я скоро отсюда.

Анюта вся перегнулась к нему, прижав руки к груди.

— И я с тобой, дедушка, — сказала она со слезами в голосе.

— Нет, я один пойду. Останешься ты.

В полутемной кухне было слышно, как жарко трещит под плитой огонь.

— Ильюшу когда увижу? — спросил странник, словно и действительно мог он увидеть его. — Ильюшу бы показали мне.

В это время вошла Вера Кирилловна. Она была та же, что и всегда. Ни бегство Васи, ни молчание Шайбина не могли отнять у нее то, что было в ее лице главным, — печать прекрасного и неизменного покоя. Рукава ее были засучены, волосы гладко зачесаны и убраны под косынку.

Она неслышно подошла к изголовью странника.

— Не надо ли чего? — спросила она нежнее всякого шепота. — Хотите кофе черного или в воду немного вина?

Но странник опять впадал в забытье. На этот раз он не бредил, но лишь стонал долгим грудным стоном. Заметно было, что боль находится у него с правой стороны груди: к правой стороне он то и дело прикладывал руки. Глаза его весь день оставались полуоткрытыми, и все лицо приняло зеленоватый оттенок.

Изредка, когда, по всей видимости, на короткие мгновения возвращалось к нему сознание, он, едва сложив пальцы, крестил вокруг себя и крестился сам, едва шевеля губами. Казалось, он постепенно перестает слышать; во всяком случае, шумы и голоса вовсе перестают мешать ему. И даже когда, правда в полной тишине, Вера Кирилловна, Илья, Марьянна и Анюта обедали, он не обратил на них никакого внимания. Руки его опухли и почернели, и Марьянна старалась не смотреть на них.

Но вечером, когда узкая, медная полоса неба дотянулась до кухонного окна и внезапно, словно их вмиг не стало, умолкли в курятнике птицы, человеку этому дано было прийти в себя.

В кухне в то время был один Илья. Облокотившись о стол и подперев круглую голову обеими руками, он сидел в глубокой и несколько сонной задумчивости. Коровы вернулись, Марьянна с Анютой доили их, Вера Кирилловна все еще возилась со сливами; она уложила их целую корзину пуда в два и завтра решила везти в город — был базарный день. Илья сидел у стола и внезапно почувствовал, что он не один, — как бывает, когда находящийся с нами в комнате спящий просыпается.

— Ильюша, это ты? — спросил странник, двинув рукой. Шрам его, почти черный, едва был виден в сумерках. — Умру я, Ильюша, не причастившись, исповедаться тебе хочу.

Илья отпрянул от стола.

— Нет, нет, не достоин я, что вы!

— Пойми, мой друг, умру я грешный, непрощенный, мне душу хоть облегчить — тебе открыться. Слушай меня: мне ни один священник причастия не даст: не прощал я врагам, не любил я дальнего своего, не прощал злодеям, не могу простить! Жесток был… С войны это.

Илья в трепете не спускал со странника глаз.

— Да и как простить, Ильюша? Сам Бог в силе и славе своей не простит им того, что они сделали! И молиться за них? Заблуждения деянием их называть? Нет!

Он с большим трудом поднялся на подушках, зеленоватая борода его свалялась на одну сторону, слепые глаза были широко раскрыты.

— Сын Человеческий, Иисус Христос, разбойника помиловавший, не помилует их, предаст их огню и аду, говорю тебе. Но что Он, всемудрый, может, того мне, грешному, не позволено, мне, которому даны заповеди любить и не убивать. Не любил, ненавидел я, и по сей день ненавижу. И убивал.

Он опустил голову на грудь.

— Как простить? Нет во мне прощения, нет молитвы для них, Ильюша! Суров я с людьми. По какому праву? — спросит меня Ангел. Не мыслил я, скажу ему, о праве своем, но клянусь, о, Господи, клянусь тебе, — не гордыня причиной ненависти моей!

Он не чувствовал больше той боли в груди, которая терзала

его двое суток, или он чувствовал иную, сильнейшую боль, раздиравшую его душу?

— Перст Божий — на чужбине мы. Разделены, застигнуты страданием. Но и здесь — что вокруг себя видим? Опять не ведают люди, что творят. Разум дан им — где их разум? С них спросится, а они и себя, и других губят… О легких мыслях забыть надобно, о детях помнить. И Шайбину простить не могу: чем он вину свою перед Анютой искупит? И отец-то ее, может, не умер бы, кабы не он, и сестра ее матери до той жизни не дошла, до какой он ее довел, а сама мать! За что умерла она? За легкую его любовь. Не прощаю!

Илья был бледен; капли пота медленно стекали у него по лицу.

— Шайбин искупит, — сказал он глухо, — за Шайбина я прошу. Он все искупит, он ответственность свою признал.

Слепой повернул к Илье темное лицо.

— С Богом сочтется. Легкость жизни простить не могу. Трудность жизни люблю, трудность жизни, Ильюша. Ты судьбу свою признай, ты судьбу свою одолей. Господи, помилуй меня грешного!

Он молчал долго. Илья боялся двинуться.

— Вот так исповедь, — прошептал странник тихо, — вот так покаяние! Грешник я, Ильюша, великий; будешь обо мне молиться?

Впервые в мыслях Ильи пронесся таинственный вопрос.

— Кого поминать, скажите мне. Имя ваше?

Но странник не ответил. Он вновь откинулся на подушку и некоторое время лежал молча, без движения. Смеркалось, медная полоса в небе пропала, поднялся короткий, сильный ветер.

— Придут они сюда? — спросил слепой, тяжело дыша.

— Придут.

И верно, через несколько минут вошли в дом Марьянна с Анютой, а потом и Вера Кирилловна.

— Пусть сядут, я им спеть хочу.

Анюта никогда не видела его в такой немощи; она

привыкла слышать его пение под небом, на дороге. Вера Кирилловна сказала:

— Лучше бы уснуть ему. Куда там петь!

Но странник подозвал к себе Илью, с его помощью сел на постели. Он сложил руки, как для молитвы, опустил голову, с минуту приходил в себя от движений, которые причинили ему глубокую боль, и внезапно поднял голову; лицо его было неузнаваемо.

— Я спою вам, что обещал. Помните, заходил я к вам на прошлой неделе? Помните, прервали нас? Хотел я вам спеть песню одну, ее под Тулузой пел я у казаков, еще пел на пути нашем, правда, Анюта? Больше уже не буду петь, она пусть вам и останется, песня эта. Вот и наследство — она да Анюта.

Он вздохнул всей больной грудью, завел белые глаза и осторожно начал голосом дребезжащим, высоким, но верным:

На чужбинушке не тоскуй, казак,
Не скучай, казак, по Расеюшке,
— Не тебе ль дана воля вольная,
Путь-дороженька поперек земли?
Путь-дороженьку исходи кругом,
Во страну приди во французскую.
Становися, дом, на крутой горе,
Обводись межой, поле малое!
На чужбинушке не горюй, казак,
По могиле отца-матери,
Укрепись, казак, во судьбе своей,
Во земле своей, заграничноей.[1]

Марьянна с минуту оставалась сидеть, уронив руки в слегка расставленные колени. Дрожь прошла по ней от этого надтреснутого голоса. Прижав руку к лицу, ладонью наружу, она вскочила и попятилась к Вере Кирилловне.

— А он ушел, мама! Он убежал ночью, как вор! —

---

[1] (Песня эта была записана в сентябри 1928 г. к западу от Мюрэ.)

вскричала она голосом, в котором были слезы. Она спрятала лицо и бросилась в смущении к дверям.

Странник медленно протянул к ней руки и тотчас же уронил их. У него больше не оставалось сил. Илья бросился к нему, уложил и укрыл, как умел, его худое, громадное тело. Умирающий начинал дышать мучительно быстро, словно хватаясь за воздух губами; Вера Кирилловна зажгла лампу, и в ее свете все лицо его показалось корой темного столетнего дерева. Илья увидел, как по жесткой этой коре потекли пот и слезы.

— Господи, прими раба Твоего Якова, — расслышал Илья шепот слепого.

Он то и дело подносил ко рту и носу напряженно дрожащие руки, делая это бессознательно, словно уже начинала набиваться туда жирная, сыпучая земля. Это был конец. В молчаливых хлопотах Ильи и Веры Кирилловны прошло не более двух часов. В задыхании, в стонах, в последней темной пене, выступившей на губах, пришел конец этому странному человеку.

Теперь он лежал вытянувшись, со связанными на груди огромными руками, укрытый старым горбатовским одеялом, из-под которого торчали его босые ноги. В провалившиеся глазницы ему положили по монете в два су, и Илья с фонарем вышел во двор тесать гроб. Здесь лежали доски, приготовленные Габриелем для нового настила, но они-то и пойдут на гроб, надо только суметь их пригнать. Первое дело — знать ремесла. Кому недавно он говорил это? О, он умел быть и столяром, и плотником. Теперь он будет гробовщиком.

Фонарь мигал на ветру. Ветер был крепок и тепел, звезды то выходили, то прятались в облаках. Месяц должен был подняться не раньше глубокой ночи, а к утру, по всему судить, будет сильный и крупный дождь.

Илья стучал молотком, водил пилою.

— Что же ты плачешь, Анюта? — говорила Вера Кирилловна. — Ты не одна остаешься, ты остаешься с нами. Будешь помощницей Марьянне, хочешь? Разве тебя здесь не будут так любить, как дедушка любил?

— Так вот и папа лежал, — шептала Анюта сквозь слезы, пальцем показывая на труп.

Они говорили долго. Марьянна так и не вернулась в дом. Она потихоньку улеглась на прежнее свое место, в пахучую люцерну. Но теперь она оказалась хитрее: она вовсе не разделась. Она лежала в темноте и думала.

Она не могла остановиться: ни поздний час, ни усталость, ни, наконец, удары молотка не прерывали долгого, безмолвного разговора, который в воображении своем повела она с Васей. Глаза ее были открыты, руки, по всегдашней привычке, далеко раскинуты. Она говорила про себя удивительные вещи, слова, которые ее самое прожигали насквозь, и Вася отвечал ей. Так продолжалось довольно долго. Свет во дворе погас, Илья поднялся к себе. Она все не могла остановиться, лицо ее горело, сердце сильно билось; никогда с ней такого не бывало.

Илья поднялся к себе. В труде и поте предстояло ему прожить несколько дней, в беспокойном сне — несколько ночей, пока он окончательно не увидит воочию плоды дел своих: расторопенских в городе ждали к субботе. На этот раз Илья ничего бы не сумел объяснить своему другу — Деятелю. Он и сам не понимал: какие надежды, какие тревоги привез он с собою из дальнего Парижа?

Он привык действовать почти не размышляя, у него никогда не было корысти «уловления» людей, для него жизнь русских за границей была одной непрекращающейся катастрофой: он хватал людей за руки и за ноги — словно они тонули, он бросался за ними — словно они горели. Ничто не могло помешать ему в этом: ни соблазн, которым, несмотря на многое, была для него Нюша, ни даже ее влюбленность. И облегчить ему эту задачу тоже никто не бывал в силах: вся любовь Веры Кирилловны к Алексею Ивановичу была только в молчаливом, тайном согласии с его намерениями, пришедшими к Илье невесть откуда — из беспокойного воздуха, которым люди дышат в изгнании.

Любовь Веры Кирилловны к Алексею Ивановичу заставляла Веру Кирилловну быть заодно с Ильей. Ее

145

бесхитростный вызов человека из Африки, ее полный искренности и ласки разговор с Шайбиным и даже слезы ее, которые он унес в Париж на лице своем, — все обещало ему ту смутную, но уже навсегда оправданную волю, к которой он стремился и от которой убегал всю свою жизнь. Она говорила ему, что не любит его — и верно, она уже не любила его так, как любила когда-то — для себя, в себе, себя в нем. Сейчас все отдавала она его покою, сейчас наступала новая, настоящая пора еще даже не вполне понятной ее любви к нему. Что сделала она для того, чтобы так даровать ему себя? Ей нечего было делать, ей достаточно было пройти легкой поступью нетленной памяти по прошлому своему. Чтобы воплотить эту силу своего уничижения, ей достаточно было сказать два-три слова, два-три раза взглянуть, вздохнуть, провести загрубевшей рукой по густым, тяжелым волосам. Ильей было сделано все остальное. И теперь Вере Кирилловне оставалось принять Алексея Ивановича таким, каким она мечтала его видеть. Знала ли она что-нибудь? Догадывалась ли о чем? Ждала ли она тайно, вместе с Ильей, вестей о Парижской партии? Или только по-своему не выпускала Шайбина из памяти?

Часов в пять вечера, в субботу, на следующий день после похорон слепого, в час, когда Илья был в поле, в час, когда он не мог быть дома, у ограды горбатовской фермы появился Алексей Иванович Шайбин.

Он уже не имел вида «человека из Африки». Он, например, уже не шел пешком из города, как в тот раз, когда уставал вглядываться в даль, ища в этой дали горбатовские платаны, о которых ему говорили в городе. Он доехал в автобусе до почему-то памятного ему перекрестка и только уже оттуда пошел пешком.

Он шел не скоро и не медленно. День был чист и светел. У мостика, что ведет к старой ферме, он неуверенно остановился — он старался заглянуть за ряды курчавых яблонь, чтобы увидеть хотя бы часть той жизни, которая предстояла и ему: увидеть соломенную шляпу, лопату в грубой руке, черные комья разрытой жирной земли... Миновав первые платаны, дремотно прошумевшие ему, он увидел дым над крышей,

146

прозрачный, какой-то особенно чистый дым, синий, как небо, курчавый, как облако. Он подошел к воротам.

Быть может, из окна кухни кто-нибудь и видел его — он никого не заметил. Он простоял довольно долго, ему некуда было спешить. Он стоял у цели. Наконец кто-то прошел по двору, какая-то женщина. Это могла быть либо Марьянна, либо Вера Кирилловна.

Женщина увидела издали Алексея Ивановича и уронила сверкающей, белой жести таз, который со звоном покатился ей под ноги. Женщина так и не подняла его; она быстрым и почти неслышным шагом — до того был он легок — пошла к воротам; с каждой секундой Шайбин видел ясное бледное, чуть смуглое лицо, брови, глаза Веры Кирилловны и два ярких пятна, выступившие у нее на щеках.

— Войдите, что ж вы стоите так? — сказала она, берясь за кольцо калитки.

Он увидел ее длинные, ровные пальцы в маленьких черных трещинах, с темно-золотым обручальным кольцом и другим, старым, серебряным, из которого выпала за эти годы вся бирюза; он увидел большую, нет, огромную английскую булавку, которой был заколот передник на груди, все еще ровной, все еще высокой; он увидел тогда же какие-то вовсе лишенные всякого смысла матерчатые пуговки у ворота платья и грубоватую, давнюю цепочку креста.

— Вера, удивитесь мне, удивитесь моему возвращению, посмейтесь надо мной, иначе мне слишком тяжело, мне слишком стыдно будет с вами, — проговорил Шайбин, и глаза его вдруг стали влажными и напряженными.

Она качнула головой.

— Вернулись и ладно, — сказала она тихо. — Не требуйте от меня слишком многого.

Он вошел следом за нею в этот сад, где немногим больше недели тому назад он испытал сильнейшее головокружение. Так вот как они жили! Перед самым домом дрались два петуха — молодой и старый — так, что песок летел в разные стороны; чьи-то детские туфли (разве есть у них дети?) белились на солнце.

Шайбин снял шляпу и сел на ступеньку крыльца, на теплую, каменную ступеньку со следами птичьего помета.

— На этот раз, Вера, я к вам «насовсем», как говорит Марьянна. Париж мой покончен. Илья распорядился моею жизнью.

Она села напротив него на низкую скамейку, поставленную здесь безо всякой нужды.

— Илья ли, вы ли, как знать, да и знать не надо. Теперь уж я с вами — камнем вам на шею. Не отвяжете.

Она улыбнулась, и на обеих щеках появились у нее морщинки, которые были у нее смолоду и которые Марьянна называла «ямочками».

— Камнем на шею, — повторила она. — Васино место свободно.

Ее улыбка опять заставила глаза его напряженно заблестеть.

— Вы не поняли меня, — сказал он молодо. — Ах, Боже мой, я ведь сказал ужасную глупость: я приехал со всей партией, и Расторопенко уже нашел мне работу.

Она вся вытянулась.

— Вы приехали со всеми, Алеша, значит, не на «лоно природы», не «размякнув душой»?

Она не удержалась и рассмеялась тихо и коротко, руки ее, сложенные до тех пор на коленях, распались.

— И знаете, какую он мне работу нашел? Никогда не поверите: по счетной части!

Она подняла брови и полуоткрыла рот — каждое его слово было для нее как песня — оно ей туманило ум и наполняло душу восторгом.

— Хотите расскажу, как все случилось? Случилось не так уж просто, и я боялся, что они меня с собой не возьмут. Когда я пришел к Расторопенко, он на меня посмотрел, как на совершенного проходимца. Откуда? Что такое? (Это Илья оставил мне его адрес.)

— Илья? Значит, он знал, что вы придете?

— Ох, нет. Иначе бы он непременно вам об этом сказал. Он оставил мне адрес «на всякий случай» — черт знает, что это

148

выражение для него значит, ведь он действует «без надежды»… Так вот, господин Расторопенко (презанятный, я вам скажу, субъект, в наше время модно было таких в литературе изображать), господин этот просто выставил меня вон. И тогда мне пришлось обратиться за помощью к одному доброму человеку, некогда весьма деятельному по части революций, который сейчас особенно хорош тем, что на покое. Я знал, что он занимается всяческой филантропией, я знал также, что он знаком с Ильей, но оказалось, он и Расторопенко знает — в Париже все друг друга знают, вы и не поверите. Этот добрый человек сейчас же повез меня к Расторопенко обратно, сказал, что ручается за меня, и даже дал мне немного денег взаймы — по правде сказать, прожился я в Париже страшно. Но и это обошлось — деньги его не понадобились: накануне отъезда трое из партии отказались ехать, говорят — им место вышло на Деляже, они предпочли остаться. Расторопенко говорил, что тут дело не чисто, но на что он намекал, я не понял. Одним словом, меня взяли вместо одного из оставшихся, я приехал на казенный счет, подписал нынче контракт, и меня даже застраховали. Но из уважения к моим сединам — (он улыбнулся, выждав несколько мгновений) — из меня решили сделать что-то вроде старшего: говорят — университет и все такое… Кроме того — хромота. Там, за городом, огромное дело делается, Вера, там предполагают чуть ли не вдвое фабрику спаржных консервов расширять, но рабочих русских на фабрику не берут — русских приспособляют к самой этой спарже. А им того только и надо — для всех это лишь начало какой-то прочной и «своей» жизни.

Вера Кирилловна сидела и слушала. Это он ей разъяснял! Откуда бралась у него дерзость! Она улыбнулась и сейчас же вновь стала внимательной.

— Я рассказываю вам все это с какой-то легкостью, с легкомыслием даже, — сказал Шайбин. — Илья научил меня этому. И разве сами вы не говорили: или сделать то, что я сделал, или сгинуть? Вы сами говорили, что иначе — петля. Вера, вы были правы…

Вера Кирилловна вслушивалась в каждое слово. Несмотря

на ровный голос, на радостное лицо, он за время их короткой разлуки изменился, он не мог не измениться, он не мог не замучиться в столице, и следы этих мучений были повсюду, даже в слишком отчетливо заблестевшей седине. Она угадывала в нем подъем, какой наступает после принятого решения, она знала, что после этого подъема придет усталость, может быть, разочарование, может быть, сожаление. А потом пройдет и это. Она видела за ним, за дорогими ей очертаниями его плеч и немного узкой головы, его жизнь. И прошлого для нее в эту минуту как бы вовсе не существовало. Тут начиналось прямо противоположное прошлому — тут начиналось то будущее, в котором она становилась хозяйкой.

— Я должен идти, я не хочу вернуться слишком поздно, — сказал Шайбин.

— Вы не поужинаете с нами?

Он отказался. Он уже видел себя на обратном пути, видел поля, платаны…

Он встал, и горбатовский двор с беспокойными курами, с неповоротливой, мохнатой собакой вдруг напомнил ему, что пришел он сюда не только похвастать собою, но и сказать последнее слово Васиной истории.

— Он не писал вам, с тех пор как уехал? — спросил Шайбин, и Вера Кирилловна сразу угадала, о ком он говорит.

— Нет, он не напишет.

— Верно, что не напишет. Я видел его. Он не уехал в Москву, он остался в Париже. Его вернули с вокзала.

— Он не уехал? — повторила Вера Кирилловна. — Что вы, вы ошибаетесь! Кто мог его вернуть?

— Я говорю вам: его вернули. В тот же вечер он выехал из гостиницы, где мы жили, и адреса его я не знаю. Это она вернула его. Говорят, багаж его уехал, был у него багаж или нет — не знаю. Она с ним и переехала.

— Да кто она такая?

— Вы не знаете ее… Она вытащила его прямо из поезда — так рассказывали ее подруги, и теперь она уже не отпустит его от себя. Я их видел в тот самый вечер.

— Да кто она?

150

Шайбин не взглянул на Веру Кирилловну; он смотрел в сторону, может быть, на дорогу, где в это самое время пронеслась высокая телега; бич кружил по небу, тарахтели колеса.

— Вы не знаете ее, — сказал он с усилием, — Илья знает. Скажите ему, что ее зовут Анна Мартыновна Слетова.

Он опять не взглянул на нее, не протянул ей руки. Она стояла в растерянности, не зная, что подумать: смеет ли она радоваться тому, что он сказал, или не смет? Радость или горе значили его слова? Радость, радость, шепнула она про себя. Или оттого это радость ей, что слова эти говорил Шайбин?

Она сложила руки.

— Алеша, — тихо сказала она, — нет, ничего, простите меня!.. Так вы совсем наверное знаете, что Вася в Париже?

— Наверное.

— Ну, спасибо вам, это все-таки большое мне утешение, и Марьянне, и Илье. Спасибо, что пришли, что сказали.

Он пошел вниз, к воротам, он шел и думал, он думал душою — «здесь кончается одна жизнь и начинается другая. Здесь вертикальная линия, рассекающая мое время пополам. Я все сделал, все сказал. О, моя совесть!»

Он скрылся за большим, беспорядочным кустом смородины; в саду стало тихо. В саду шептались в предвечернем дыхании персиковые деревья, неподвижны и царственны были одни кипарисы, те, за которыми начинались поля, начинались луга, лес, просторы…

Вера Кирилловна стояла и смотрела перед собой. Прислоненный к крыльцу колун блестел на солнце, словно кусок зеркала. Наконец она закрыла глаза — кусок ослепительного зеркала, кусок солнца, превратился в черное пятно.

Оно то ширилось, заволакивая собою какие-то падающие вверх искры, и тогда становилось похоже на огромную медузу; то уменьшалось до колючей точки — и тогда искры переставали падать, они плыли на месте, дрожали, меняя окраску; они сияли, пока чернела точка, и вместе с нею стали бледнеть. И красное небо, в котором все это происходило,

151

постепенно сделалось серым; растаяли, ушли куда-то в сторону золотые и черные звезды.

Когда Вера Кирилловна подняла веки, из огорода, с лейкой в руках, вышла Анюта. Она теперь тоже стала носить круглую соломенную шляпу (Марьянна подарила ей свою старую). Анюта подошла к крану, с важностью подставила лейку и дождалась, пока лейка наполнится. Тогда она обеими руками крепко завернула кран и пошла обратно, наклонившись от тяжести в сторону и преувеличенно далеко отставив руку (так делала Марьянна). Несколько тяжелых капель упало ей на пыльный деревянный башмак.

Прованс — Париж
1928–1929